周作人著作

知堂雜詩抄

钟叔河 鄢琨——编订

岳麓書社·长沙

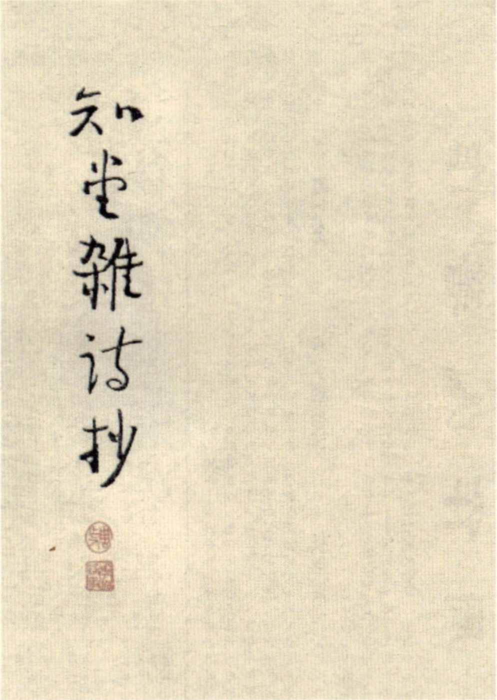

岳麓书社本《知堂杂诗抄》

编者的话

锺叔河

一九八七年一月三日《光明日报》上，岳麓书社刊出了我拟稿的一帧广告（左图），宣布了书社和我对重印周作人著作的观点：

“人归人，文归文。周作人其人的是非功过是另一问题，其书的主要内容是对传统文化和国民性进行反思，对中国—西方和中国—日本的文化历史进行比较研究，今之读者却不可不读。……”

随即便开始出书。既出周作人著作的单行本，也出精装合订本。两年之间，出了二十四种。

书当然不是想出便能出的，得按规矩，走程序。周家授权了，报告批复了，宋木文、杨牧之、伍杰各位领导都当面或来信表示应允和支持了，便能够出了。

出就得出好。当时强调了两条：（一）因为均系据旧本重印，所以一定要认真校订，尽力改正旧本误植失校的错误；（二）因为手稿不存，无法对勘，所以一定要详出校记，改动处一概保留原文，承担责任。

这两条，读者看来大都是认可的。直到如今，在旧书网上，八十年代“岳麓版”的周作人著作，始终都卖得不错。

现在，岳麓书社决定又来出版周作人著作，仍然要我负责编订，做法则一仍其旧。主要还是这些书，还是这两条，新的广告也就不必再做了。

鄢琨君三十年前和我同编了这些书，此次仍然合作，蒋浩君也参加了进来。校记原列表在书末，如今改作尾注。二君新增校改之处，分别标出“鄢校”“蒋校”，特此说明，并志感谢。

二〇一八年五月十五日于长沙。

出版题记

《知堂杂诗抄》，周作人晚年命名、编定并作序的旧体诗集，一九八七年一月本社初版，有序二篇，收诗二百五十一首。

原稿系香港郑子瑜提供。郑氏有跋，历述一九五八年周氏以其在南京狱中作《老虎桥杂诗》稿寄与，继谓“后来周氏又陆续寄给我《所谓五十自寿打油诗》二首，《苦茶庵打油诗》二十四首……吩咐我将这些诗篇和前此寄下的《往昔》《丙戌丁亥杂诗》《儿童杂事诗》等合编为一集，改名为《知堂杂诗抄》。……一九六一年，周氏又写了《知堂杂诗抄序》寄给我”。

本书初刊还得感谢陈子善先生的帮助。郑跋附记云：“今年（一九八六年）六月，陈子善先生告诉我，岳麓书社的锺叔河先生正在搜集周氏的旧体诗，希望不久可以出版，我看机缘已经成熟了，便将写本寄给陈君转交锺氏。锺氏为细心校正写本，又索取原稿，联系制版……”

陈先生还为初版辑录了《知堂杂诗抄》未收的周氏旧体诗词五十七首，附集句和对联二十多首，作为“外编”，丰富了本书的内容。

此次出版，又据劳祖德先生赠予的手抄本《老虎桥杂诗》和从其他方面搜集所得，对正文和“外编”进行了增补。本次增补的诗，均加“增补”二字，以示区分。全书现收录杂诗二百八十八首，“外编”六十九首。

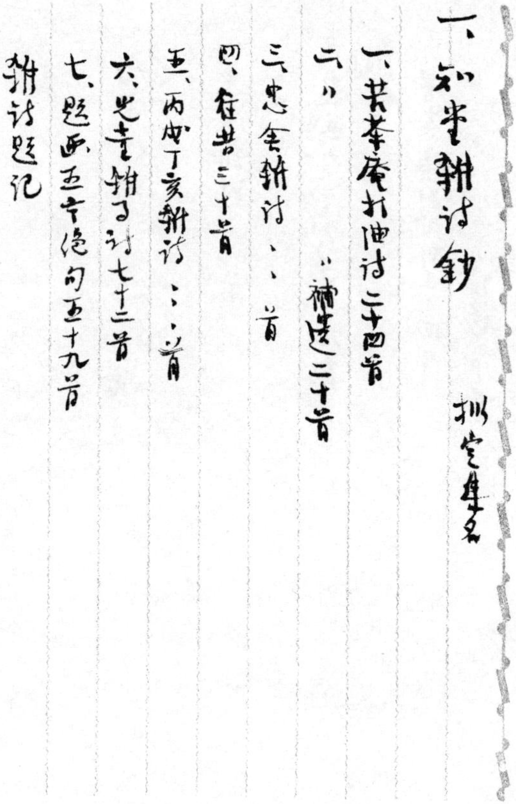

一、知堂杂诗钞　拟定集名

一、苦茶庵打油诗二十四首

二、〃〃补遗二十首

三、忠舍杂诗〃〃首

四、往昔三十首

五、丙戌丁亥杂诗〃〃首

六、儿童杂事诗七十二首

七、题画五言绝句五十九首

杂诗题记

周作人手书目录（一）

（拟定集名为《知堂杂诗钞》）

二、老虎橋雜詩　原名

一、忠舍雜詩　、、首

……

五、題畫五言絕句五十九首

附錄

苦茶庵打油詩二十四首

〃　〃補遺二十首

題記

周作人手书目录（二）

（《老虎桥杂诗》乃原名）

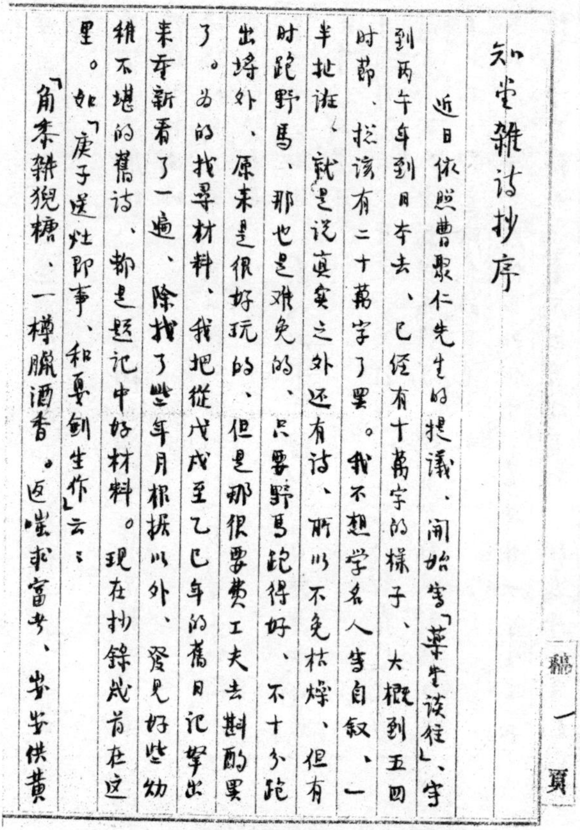
知堂雜诗抄序

近日依照曹聚仁先生的提議，開始寫「藥堂談往」，寫到丙午年到日本去，已經有十萬字的樣子，大概到五四时節，總該有二十萬字了罢。我不想学名人寫自叙，一半扯謊，就是說真實之外还有诗，所以不免枯燥，但有时跑野馬，那也是难免的，只要野馬跑得好，不十分跑出埒外，原来是很好玩的，但是那很要费工夫去斟酌罢了。為的找尋材料，我把從戊戌至乙巳年的舊日記挈出来查看了一遍，除找了些年月根据以外，發見好些幼稚不堪的舊诗，都是题記中好材料。現在抄錄幾首在这里。如「庚子送灶即事，和憂劍生作」云：

「角黍雜猊糖，一樽臘酒香。返嗤求富者，岁岁供黃

稿 一 頁

周作人手书《知堂杂诗抄序》（一）

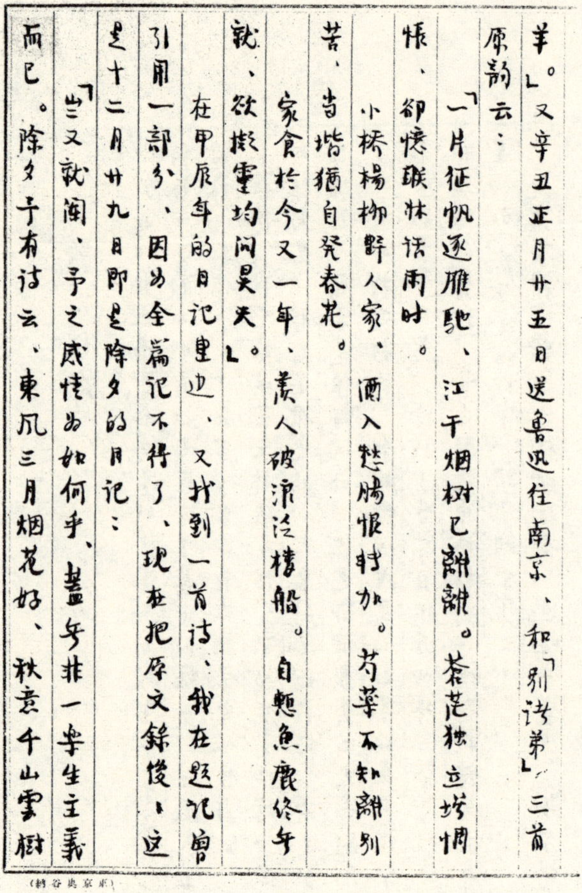
羊。」又辛丑正月廿五日送鲁迅往南京、和「别诸弟」三首原韵云：
「一片征帆逐雁驰、江干烟树已离离。苍茫独立增惆怅、却忆联床话雨时。
小桥杨柳野人家、酒入愁肠恨转加。芍药不知离别苦、当阶犹自发春花。
家食于今又一年、羡人破浪泛楼船。自惭鱼鹿终年就、欲拟灵均问昊天」。
在甲辰年的日记里边、又找到一首诗、我在题记曾引用一部分、因为全篇记不得了、现在把原文录后、这是十二月廿九日即是除夕的日记：
「世又就阑、予之感情为如何乎、盖无非一乐生主义而已。除夕予有诗云、东风三月烟花好、秋意千山云树

（納谷奥京東）

周作人手书《知堂杂诗抄序》（二）

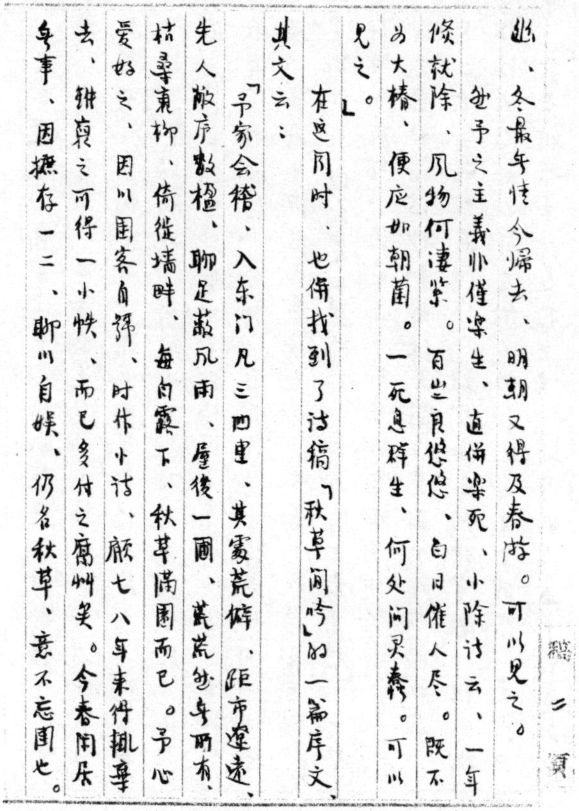
幽、冬最无情今归去、明朝又得及春游。可以见之。
无予之主义仍催乐生、直催乐死、小除诗云、一年倏就除、风物何凄紧。百岁良悠悠、白日催人尽。既不为大椿、便应如朝菌。一死息群生、何处问灵蠢。可以见之。」
在这同时、也偶找到了诗稿「秋草闲吟」的一篇序文、其文云：
「予家会稽、入东门凡三四里、其处荒僻、距市辽远、先人敝庐数楹、聊足蔽风雨、屋后一圃、荒荒然无所有、枯桑衰柳、倚徙墙畔、每白露下、秋草满园而已。予心爱好之、因以园客自号、时作小诗、顾七八年来得辄弃去、辑裒之可得一小帙、而已多付之腐草矣。今春闲居无事、因摭存一二、聊以自娱、仍名秋草、意不忘园也。
第二頁

周作人手书《知堂杂诗抄序》（三）

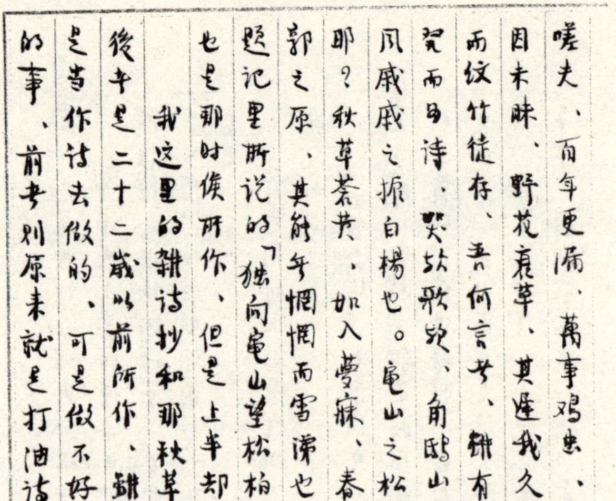
嗟夫、百年更漏、萬事鸡虫、对此茫茫、能无怅怅、前
因未昧、野花衰草、其遅我久矣。卜築幽山、铭犹在耳、
而纹竹徒存、吾何言哉、虽有園又乌得而居之？借其声
発而为诗、哭泣歌呼、角鸱山鬼、对月而夜啸欤、抑悲
风戚戚之振白杨也。龟山之松柏何青青耶、茶花其如故
耶？秋草苍黄、如入梦寐、春风虽至、将意如何、过南
郭之原、其能无惘惘而雪涕也。丙午春日秋草园客记。」
题记里所说的「独向龟山望松柏、夜鸟啼上最高枝」、大槩
也是那时候所作、但是上半却已经忘记了。
我这里的杂诗抄和那秋草闲吟是两个时期的作品、
後者是二十二歲以前所作、虽然只是幼稚浅陋、但的確
是当作诗去做的、可是做不好、这是才力所限、是没法
的事、前者则原来就是打油诗、從那所谓五十自寿的两
(納谷與京東)

周作人手书《知堂杂诗抄序》（四）

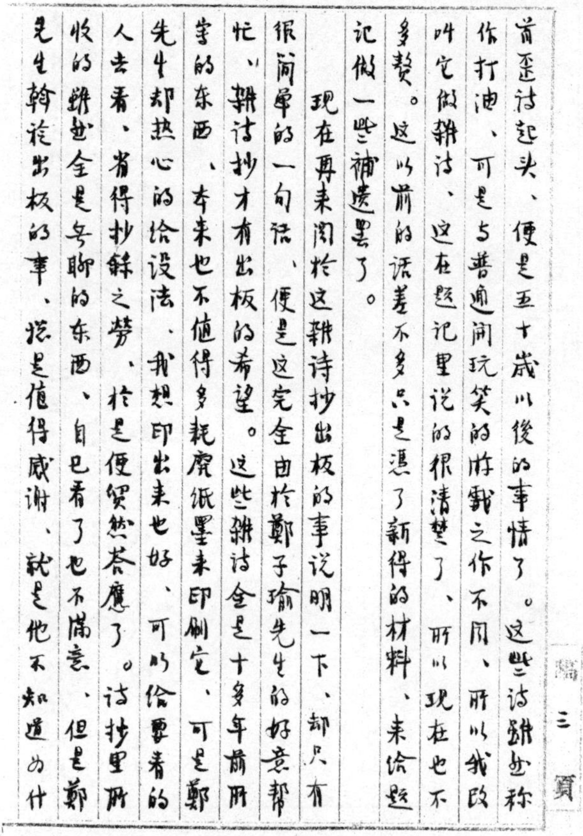
首歪诗起头、便是五十歲以後的事情了。这些诗虽然称作打油、可是与普通開玩笑的遊戲之作不同、所以我改叫它做雜诗、这在题记里说的很清楚了、所以现在也不多赘。这以前的话差不多只是凭了新得的材料、来给题记做一些補遺罢了。

现在再来関於这雜诗抄出板的事说明一下、却只有很簡單的一句话、便是这完全由於鄭子瑜先生的好意帮忙、雜诗抄才有出板的希望。这些雜诗全是十多年前所写的东西、本来也不值得多耗費纸墨来印刷它、可是鄭先生却热心的给设法、我想印出来也好、可以给要看的人去看、省得抄録之勞、於是便貿然答應了。诗抄里所收的雜然全是無聊的东西、自己看了也不满意、但是鄭先生斡旋出板的事、總是值得感谢、就是他不知道为什

第三頁

周作人手书《知堂杂诗抄序》（五）

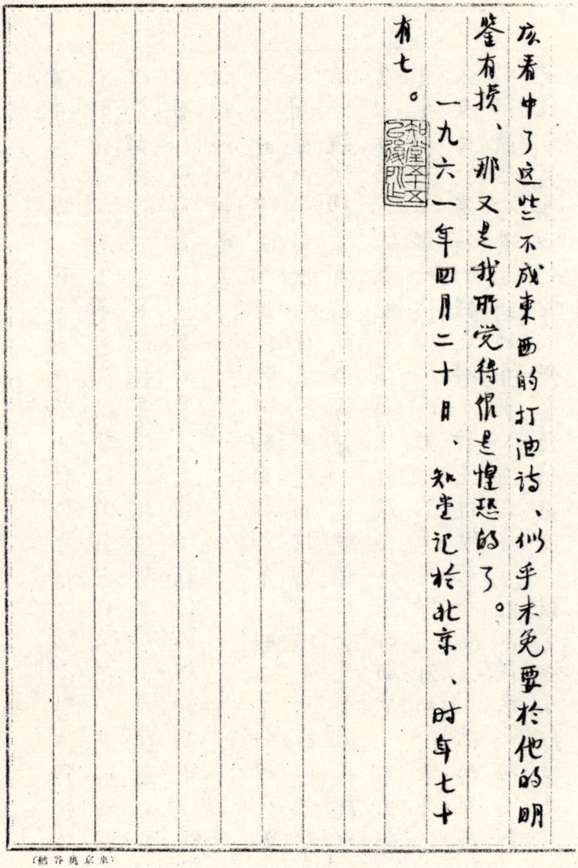

么看中了这些不成东西的打油诗，似乎未免要於他的明鉴有损，那又是我所觉得很是惶恐的了。

一九六一年四月二十日，知堂记於北京，时年七十有七。

周作人手书《知堂杂诗抄序》（六）

目录

外编

前序

我向来不会做旧诗，也并没有意思要去做它，然而结果却写了这一册。我本不预备发表，向人请教，现在却终于印了出来。这全是偶然的事情。古人有言，情动于中而形于言，言之不足，故嗟叹之，嗟叹之不足，故永歌之，永歌之不足，不知手之舞之，足之蹈之也。我哪里有这种不知手之舞之足之蹈之的材料，要来那末苦心孤诣的来做成诗呢？也就只有一点散文的资料，偶尔想要发表罢了。拿了这种资料，却用限字用韵的形式，写了出来，结果是一种变样的诗，这东西我以前称之曰打油诗，现今改叫杂诗的便是。称曰打油诗，意思是说游戏之作，表示不敢与正式的诗分庭抗礼，这当初是自谦，但同时也是一种自尊，有自立门户的意思，称作杂诗便心平气和得多了。这里包括内容和形式两重，正如题记中所说，有如散文中的那种杂文，仿佛是自成一家了。但这也是后加的说明，当初不过有点意思，心想用诗的形式记了下来，这内容虽然近于散文，可是既称为诗，便与诗有一点相同的地方，便是这也需要一点感兴。古人说，诗穷而后工，工不工也难预约，总之这与所处的时地是很有关系的，在黑暗时代里感触更多，也就写的不少，到了环境改变这就不同了，在解放以后便连一篇也没有写过，所以这些东西乃全是在南京老虎桥所作的。上边所说偶然成集的事情，便是如此。这诗的中间有一部分是《儿童杂事诗》，共计七十二首，一九五〇年曾经在上海《亦报》上发表，此外《往昔》三十首亦自成片段，却尚未发表过。本来这种东西欲出斯出，能事已毕，也别无敝帚自珍的意思，但友人知道我有这作品，特别是那两样稍成片段的，辄来信索观，只好花了好些工夫，自来抄录，虽然我的时间不很珍贵，但也是一种负担，于是有人怂恿付诸印刷。其中第一位侨居新加坡的郑子瑜先生，彼此尚未见过面，只因大家都看重《人境庐诗》的关系，因而认识了，他曾提议出版，可是机缘不曾成熟，故而作罢，但是他的好意是很可感激的。第二位便是朱省斋先生，他先前创办《古今》半月刊的时候曾经相识，现侨居香港，经他介绍在新地出版社出版，使这十馀年前的旧作，得与今日的读者见面，在我可以省抄写之烦，这是十分可以感谢的事了。这里便是偶尔印了出来的经过。前后事情既已交代清楚，我这自序的职任也就完了。

一九六〇年一月二十八日，知堂记于北京。

【附记】 《老虎桥杂诗》原稿本来有六部分，第一分《忠舍杂诗》性质杂乱，第六分系题画诗九十四首，多应需之作，今悉从删削。

苦茶庵打油诗

民国二十三年的春天，我偶然写了两首打油诗，被林语堂君拿去在《人间世》上发表，硬说是五十自寿，朋友们觉得这倒好嬉子，有好些人寄和诗来，其手写了直接寄在我这里的一部分至今都还保存着。如今计算起来已是十个年头荏苒的过去了，从书箱的抽屉里把这些手迹从新拿出来看，其中有几位朋友如刘半农、钱玄同、蔡孑民诸先生现今都已不在，半农就在那一年的秋间去世，根据十年树木的例，墓木当已成抱了，时移世变，想起来真有隔生之感。有友人问，今年再来写他两首么？鄙人听了甚为惶悚，唯有采取作揖主义，连称不敢。为什么呢？当年那两首诗发表之后，在南方引起了不少的是非口舌，闹嚷嚷的一阵，不久也就过去了，似乎没甚妨害，但是拨草寻蛇，自取烦恼，本已多事，况且众口烁金，无实的毁谤看似无关重要，世间有些重大的事件往往可由此发生，不是可以轻看的事情。鄙人年岁徒增，修养不足，无菩萨投身饲狼之决心，日在戒惧，犹恐难免窥伺，更何敢妄作文诗，自蹈覆辙，此其一。以前所写的诗本非自寿，唯在那时所作，亦尚不妨移用，此次若故意去做，不但赋得难写得好，而且也未免肉麻了。还有一层，五十岁是实在的，六十岁则现在可以不是这样算，即是没有这么一回事。寒斋有一块寿山石印章，朱文九字云“知堂五十五以后所作”，边款云庚辰禹民，系民国二十九年托金彝斋君所刻。大家知道和尚有所谓僧腊者，便是受戒出家的日子起，计算他做和尚的年岁，在家时期的一部分抛去不计，假如在二十一岁时出家，到了五十岁则称曰僧腊三十。五十五岁以后也便是我的僧腊，从那一年即民国二十八年算起，到现在才有六年，若是六十岁，那岂不是该是民国八十八年么。六十自寿诗如要做的话，也就应该等到那时候才对，现在还早得很呢，此其二。

以上把现今不写打油诗的话说完了，但是在这以前，别的打油诗也并不是不写。这里不妨抄录一部分出来，这都是在事变以后所写的。照年代说来，自民国二十六年十一月至三十二年十月，最近一年间并没有著作。我自称打油诗，表示不敢以旧诗自居，自然更不敢称是诗人，同样地我看自己的白话诗也不算是新诗，只是别一种形式的文章，表现当时的情意，与普通散文没有什么不同。因此名称虽然是打油诗，内容却并不是游戏，文字似乎诙谐，意思原甚正经，这正如寒山子诗，他是一种通俗的偈，其用意本与许多造作伽陀的尊者别无不同，只在形式上所用乃是别一手法耳。我所写的东西，无论怎么努力想专谈或多谈风月，可是结果是大部分还都有道德的意义，这里的打油诗也自不能免，我引寒山禅师为比，非敢攀高，亦只取其多少相近，此外自然还有一位邵康节在，不过他是道学大贤，不好拉扯，故不佞宁愿与二氏为伍，庶可稍免指摘焉。打油诗只录绝句，虽有三四首律诗，字数加倍，疵累自亦较多，不如藏拙为愈，今所录凡二十四首。

其一至二

燕山柳色太凄迷，话到家园一泪垂，长向行人供炒栗，伤心最是李和儿。

一月前食炒栗，忆《老学庵笔记》中李和儿事，偶作绝句，已忘之矣，今日忽记起，因即录出，时廿六年十二月十一日也。

家祭年年总是虚，乃翁心愿竟何如。故园未毁不归去，怕出偏门过鲁墟。

二十日后再作一绝，怀吾乡放翁也。先祖妣孙太君家在偏门外，与快阁比邻，蒋太君家鲁墟，即放翁诗所云轻帆过鲁墟者是也。

其三至六

粥饭钟鱼非本色，劈柴挑担亦随缘。有时掷钵飞空去，东郭门头看月圆。

廿七年十二月十六日作。

禹迹寺前春草生，沈园遗迹欠分明。偶然拄杖桥头望，流水斜阳太有情。

以下三首均廿一日作。匏瓜庵主人承赐和诗，末一联云，斜阳流水干卿事，未免人间太有情。匏瓜庵指点得很不错。但如致废名信中说过，觉得有此怅惘，故对于人间世未能恝置，此虽亦是一种苦，目下却尚不忍即舍去也。己卯秋日和六松老人韵七律末二句云，高歌未必能当哭，夜色苍凉未忍眠，亦只是此意，和韵难恰好，今不具录。

禅林溜下无情思，正是沉阴欲雪天。买得一条油炸鬼，惜无白粥下微盐。

不是渊明乞食时，但称陀佛省言辞。携归白酒和牛肉，醉倒村边土地祠。

古有游仙诗，多言道教，此殆是游方僧诗乎，比丘本是乞士，亦或有神通也。戊寅冬至雪夜记。案，廿八年元日遇刺客，或云掷钵诗几成谶语，古来这种偶然的事盖多有之，无怪笔记上不乏材料也。

其七至八

橙皮权当屠苏酒，赢得衰颜一霎红，我醉欲眠眠未得，儿啼妇语闹哄哄。

廿八年一月八日作。

但思忍过事堪喜，回首冤亲一惘然。饱吃苦茶辨馀味，代言觅得杜樊川。

十四日作。此二诗均为元日事而作，忍过事堪喜系杜牧之句，偶从《困学纪闻》中见到，觉得很有意思，廿三年秋天在日本片濑制一小花瓶，手题此句为纪念，至今尚放在书架子上。

其九至十

廿年不见开元寺，寂寞荒场总一般，惟念水澄桥下路，骨灰瓦屑最难看。

日中偶作寒山梦，梦见寒山喝一声，居士若知翻着袜，老僧何处作营生。

廿九年十二月七日作。翻着袜，王梵志诗语，见《山谷题跋》。

其十一至十二

乌鹊呼号绕树飞，天河暗淡小星稀，不须更读枝巢记，如此秋光已可悲。

一水盈盈不得渡，耕牛立瘦布机停，剧怜下界痴儿女，笃笃香花拜二星。

三十年七夕作。

其十三

河水阴寒酒味酸，乡居况味不胜言，开门偶共邻翁话，窥见庵中黑一团。

十二月三十日灯下作。

其十四

年年乞巧徒成拙，乌鹊填桥事大难，犹是世尊悲悯意，不如市井闹盂兰。

三十一年七月十八日作。

其十五至十六

野老生涯是种园，闲衔烟管立黄昏，豆花未落瓜生蔓，怅望山南大水云。

夏中南方赤云弥漫，主有水患，称曰大水云。

大风吹倒坟头树，杉叶松毛着地铺。惆怅跳山山下路，秋光还似旧时无。

十月三十日所作。

其十七

生小东南学放牛，水边林下任嬉游，廿年关在书房里，欲看山光不自由。

十二月十四日作。

其十八至二一

多谢石家豆腐羹，得尝南味慰离情。吾乡亦有姒家菜，禹庙开时归未成。

三十二年四月十日至苏州游灵岩山，在木渎午饭，石家饭店主人索题，为书此二十八字，壁间有于右任句云，多谢石家鲃肺汤，故仿之也。

我是山中老比丘，偶来城市作勾留，忽闻一声劈破玉，漫对明灯搔白头。

十一日晚在苏州听歌作。

一住金陵逾十日，笑谈哺啜破工夫，疲车羸马招摇过，为吃干丝到后湖。

十四日友人邀游玄武湖作。

脱帽出城下船去，逆流投篙意何如。诗人未是忘机客，惊起湖中水活卢。

水活卢，越中俗语，船娘云水胡卢，即鹈鹕是也。以上二首均作于十六日夜车中。

其二二至二四

山居亦自多佳趣，山色苍茫山月高，掩卷闭门无一事，支颐独自听狼嗥。

涧中流水响澌澌，负手循行有所思，终是水乡馀习在，关心唯独贺家池。

镇日关门听草长，有时临水羡鱼游，朝来扶杖入城市，但见居人相向愁。

十月四日晨作。

这些以诗论当然全不成，但里边的意思总是确实的，所以如只取其述怀，当作文章看，亦未始不可，只是意少隐曲而已。我的打油诗本来写的很是拙直，只要第一不当他作游戏话，意思极容易看得出，大约就只有忧与惧耳。孔子曰，仁者不忧，勇者不惧。吾侪小人诚不足与语仁勇，唯忧生悯乱，正是人情之常，而能惧思之人亦复为君子所取，然则知忧惧或与知惭愧相类，未始非人生入德之门乎。从前读过《诗经》，大半都已忘记了，但是记起几篇来，觉得古时诗人何其那么哀伤，每读一过令人不欢。如《王风·黍离》云，知我者谓我心忧，不知我者谓我何求，悠悠苍天，此何人哉。其心理状态则云中心摇摇，终乃如醉以至如噎。又《兔爰》云，我生之初，尚无为，我生之后，逢此百罹，尚寐无吪。《小序》说明原委，则云君子不乐其生。幸哉我们尚得止于忧惧，这里总还有一点希望，若到了哀伤则一切已完了矣。大抵忧惧的分子在我的诗文里由来已久，最好的例是那篇《小河》，民国八年所作的新诗，可以与二十年后的打油诗做一个对照。这是民八的一月廿四日所作，登载在《新青年》上，共有五十七行，当时觉得有点别致，颇引起好些注意。或者在形式上可以说，摆脱了诗词歌赋的规律，完全用语体散文来写，这是一种新表现，夸奖的话只能说到这里为止，至于内容那实在是很旧的，假如说明了的时候，简直可以说这是新诗人所大抵不屑为的，一句话就是那种古老的忧惧。这本是中国旧诗人的传统，不过他们不幸多是事后的哀伤，我们还算好一点的是将来的忧虑。其次是形式也就不是直接的，而用了譬喻，其实外国民歌中很多这种方式，便是在中国，《中山狼传》里的老牛老树也都说话，所以说到底连形式也并不是什么新的东西。鄙人是中国东南水乡的人民，对于水很有情分，可是也十分知道水的利害，《小河》的题材即由此而出。古人云，民犹水也，水能载舟，亦能覆舟。法国路易十四云，朕等之后有洪水来。其一戒惧如周公，其一放肆如隋炀，但二者的话其归趋则一，是一样的可怕。把这类的思想装到诗里去，是做不成好诗来的，但这是我诚恳的意思，所以随时得有机会便想发表，自《小河》起，中间经过好些文诗，以至《中国的思想问题》，前后二十馀年，就只是这两句话，今昔读者或者不接头亦未可知，自己则很是清楚，深知老调无变化，令人厌闻，唯不可不说实话耳。打油诗本不足道，今又为此而有此一番说明，殊有唐丧时日之感，故亦不多赘矣。民国甲申，九月十日。

苦茶庵打油诗补遗

其一

柳绿花红年复年，虫飞草长亦堪怜。于今桑下成三宿，惭愧浮屠一梦缘。

廿六年六月三日晚，绍原招饮于玉华台，归途想起浮屠不三宿桑下之诫，而不佞流连光景，随处苦住，正合于绍原所说，但未得其资斧耳。车上偶得二十八字，适刘君既漂贤伉俪以纪念册嘱题，因录之以博一笑。

其二至三

廿年惭愧一狐裘，贩卖东西店渐收。早起喝茶看报了，出门赶去吃猪头。

红日当窗近午时，肚中虚实自家知。人生一饱原难事，况有茵陈酒满卮。

苦水道兄以小诗二首，代柬招饮，依韵奉和。廿七年一月廿六日。

其四

转眼三百六十日，又是风寒雪紧时。放下闲书倚窗坐，一尊甜酒不须辞。

十二月廿八日偶成，大雪小寒均已过矣。

其五

抬头忽见腊月七，扶杖出门寻枣梨。满钵风声无着处，且餐荤粥伴山妻。

廿九年十二月七日作。

其六

春光如梦复如烟，人事匆匆又一年。走马看花花已老，斜阳满地草芊芊。

三十年四月廿六日作。

其七至八

饮酒损神茶损气，读书应是最相宜。圣贤已死言空在，手把遗编未忍披。

未必花钱逾黑饭，依然有味似青灯。偶逢一册长恩阁，把卷沉吟过二更。

十二月卅一日作。长恩阁旧藏，近得《来斋金石跋》一册，又傅节子手抄《明季杂录》二册。

其九

柳桥无复清冷水，梅市空馀暗淡山。唯有城东田水月，口碑长在里人间。

三十一年一月五日作。羽皋散人桥川浚于编译徐文长故事八十篇，为勉题一绝句。

其十

信是上池见藏府，常怜下界满疮痍，刀圭委地谈言绝，剩有遗书引泪垂。

七月十一日为子鹤题所藏大松手札册。

其十一至十二

不闻海若望洋叹，但见河童凫水游，却忆吾乡河水鬼，摊钱抛堉不知愁。

七月廿一日作。纪生在东京，以芋钱子画河童扇寄赠，漫题一绝。

芋钱草画喜重披，犹似当年读子规，珍重明时风雅意，凭君传与后人知。

十一月三十日作。观芋钱子草画帖，芋钱姓小川，往昔读俳句杂志《子规》，多见其所插画，已是四十年前事矣。

其十三至十四

当日披裘理钓丝，浮名赢得故人知，忽然悟彻无生忍，垂老街头作饼师。

十年戒酒终成病，斜靠蒲团自着棋，待与秋风拼一醉，思量黄叶打头时。

三十二年三月十六日晨作偶咏二首。此不称偶成者，以偶作多说自己事，此则非是，在佛法正是口孽，即吾家武王作铭，亦以为戒者也。

其十五

当年爱读菩萨戒，登堂喜见卢舍那，绕遍莲台还自叹，入官入道两蹉跎。

三月三十一日为安藤更生题秋草道人书东大寺大佛赞歌册。附跋语云：辛巳春末东游，至奈良，雨中登东大寺，匆匆礼佛而出，倏忽两年矣，顷承安藤君出示秋草道人手书大佛赞歌十首，追念昔游，率书二十八字，以志感慨，唯狂诗拙笔，徒污简册，深以为愧耳。

其十六

四十年来风景异，劫馀山水画应难，丁宁八幅江南景，
好作诗人梦忆看。

陈季良以其姊蓉娟甲辰所作画册索题，七月十一日晨作。

其十七

近来吃菜如吃药，蹙頞无端学圣人，不比端阳和酒饮，
菖蒲虽苦好安神。

十月八日晨作。

其十八至二十

岁暮天寒喜索居，半生心愿未消除，也思春梦无凭据，
炳烛南窗赶写书。

编一文集，名曰《立春以前》，皆甲申年作。乡语云：春梦如狗屁，谓其无验也。三十四年一月十日。

四九忽逢三十六，贫儿鹭缩亦堪怜。庭前垂柳微生意，
珍重春风待过年。

谚云：四九三十六，夜眠如鹭缩。又九九消寒图题字云，庭前垂柳珍重待春風，每字各九画也。

琅玕珍重奉春君，绝塞荒寒寄此身，竹简未枯心未烂，千年谁与再招魂。

《流沙坠简》中有致春君竹简。

老虎桥杂诗补遗（忠舍杂诗）

【增补】

《忠舍杂诗》悉拟删去，唯增补一首系一九四九年一月廿六日去老虎桥时所作，题曰“拟题壁”，有序云拟题者未题也。其诗虽有失温柔敦厚之意，然不忍舍去，因录于此，其中使用字谜，亦打油本色也，然自此诗以后余遂绝笔不作打油诗了。诗曰：

一千一百五十日，且作浮屠学闭关。

今日出门桥上望，菰蒲零落满溪间。

知堂

前录杂诗多所遗弃，近日重阅，觉得亦是前尘梦影，遗弃亦属可惜，因复加甄录数首，其比较尖刻者仍在删薙之列，唯首尾二章悉仍其旧，盖所谓箭在弦上之势也。

【增补】纪梦诗三首

一夕梦中诵诗二句云，白日昭昭兮寝已驰，与子期乎芦之碕。予读诗苦不记忆，不知何以忽诵此辞，碕字亦不识，而梦中记之甚真。越数日，旧学生章瑞珍女士送《古唐诗合解》来，见于卷六中，系江边丈人对伍员所歌，唯乎字作兮，馀悉不误。诗以纪之，三十五年六月十九日，在南京作。

白日昭昭寝已驰，芦中穷士欲何之。吹箫乞食寻常事，记取吴师入楚时。

又一夕梦诵句云，世路郁悠悠，杨朱所以止。记是陶公诗，借韦有徽君陶集视之，在《饮酒二十首》中，唯郁字作廓为异耳。

儒冠一着误生平，多谢杨生示儆情。若使逃儒还入墨，此中歧路本分明。

梦中诵诗又有“不见李生久，江湖知隐沦”二句。首句是杜甫赠李白诗，但次句不相连接，当亦是杜句，一时未及考也。八月四日。

李生大隐在朝市，醇酒美人寄所思。醉梦不忘金齿屐，如霜白足想当时。

骑驴

仓卒骑驴出北平，新潮馀响久销沉。凭君箧载登莱腊，西上巴山作义民。

骑驴系清朝状元傅以渐事，此乃谓傅斯年也。南宋笔记载有登莱义民浮海至临安，时山东大饥，人相食，行旅者持人肉腊为干粮，抵临安尚有馀剩云。

渡江

羼提未足檀施薄，日暮途穷剧可哀。誓愿不随形寿尽，但凭一苇渡江来。

东望浙江白日斜，故园虽好已无家。贪痴灭尽馀嗔在，卖却黄牛入若耶。

【增补】偶作

入狱二百日，即事多所欣。同居恒乞食，高谈不避人。忧患互相恤，盗贼渐可亲。昨日岂为非，前路认已真。拘幽增自力，悲悯即雄心。学道未有成，立愿在今晨。

夏日怀旧

丙戌五月来南京，居于老虎桥。或以炎热为忧，戏述昔日学堂生活，作谐诗以解之，计其时日盖前后相去已四十五年矣。六月廿二日夏至节。

昔日南京住，匆匆过五年。炎威虽可畏，风趣却堪传。喜得空庭寂，难销永日闲。举杯倾白酒，买肉费青钱。记日无馀事，翻书尽一编。夕凉坐廊下，夜雨溺门前。板榻不觉热，油灯空自煎。时逢击柝叟，隔牖问安眠。

瓜洲

倚门听说瓜洲话，话到孤寒意转亲。偏爱小名有真意，本来箕豆是同根。

潘同根年二十岁，父系舟人，六岁丧其母，以为窃盗担物，判处徒刑三个月，在老虎桥任挑水送饭之役，颇得人怜，及期满将去，为作此诗。

灌云

灌云豪杰今何在，留与诗人伴寂寥。莫话浔阳江口事，黑洋桥畔雨潇潇。

潘同根之伴当有宋思江者，曾与江亢虎同室，不日将释出，戏作此诗，潘宋同住下关黑洋桥地方。

吾家数典诗六首

炎夏无事，戏以吾家故实作诗，得六首，兴尽而止，虽尚有好资料，惜都不及作也。

文王圣德足堪夸，狱里著书度岁华。百日幽囚容易过，易经一部属周家。

东征事业安家国，夜祷精诚动鬼神。再读东山零雨句，始知公旦是诗人。

世间艳说除三害，杀虎屠蛟事有无。豪侠喜能兼儒雅，一编风土是传书。

会稽文风世称美，吾家诗句却稀微。偶然检得唐人语，门静花开色照衣。

清逸先生百世师，通书读过愧无知。年来翻遍濂溪集，只记篷窗夜雨诗。

周濂溪著书读之都不甚解，集中有《夜雨书窗》一诗觉得很好，诗云，秋风扫暑尽，半夜雨淋漓。绕屋是芭蕉，一枕万响围。恰似钓鱼船，篷底睡觉时。

清道桥头百姓家，逸斋遗教是桑麻。关门不管周朝事，数典何因学画蛇。

吾家始迁祖居越城清道桥（俗称青黛桥），名已逸，家谱中追称之曰逸斋公，时在明正德年间，以前悉不可考。周氏例称出于周公，吾家则存疑，虽郡望亦称汝南，但以逸斋公为第一世，至不佞才十四世也。

【增补】感逝诗四首

才过中秋三两日，东园风景太萧条。墙阴草色浑如旧，
无复闲人话六朝。

梅止斋精于南朝史事。

当世不闻原庾信，今朝又报杀陈琳。后园痛哭悲凉甚，
领取偷儿一片心。

林石泉同室有外役余九信，闻石泉死耗，在园中大哭，余年十九岁，以窃盗判徒刑三月。十月十四日。

卅年不见之江水，呜咽潮声似昔时。千古孤臣酬一剑，
伤心岂独有鸱夷。

傅筑隐以旧历五月初一日去世。

英雄一死寻常耳，午月终凶事或诬。赢得众生齐拊掌，
投身应悔饲耶呼。

越十六日而丁默村卒，在小暑前三日也。耶呼者人形之劣等动物，见于斯威夫忒之《格里佛游记》中。三

十六年七月六日。

以上均是丙戌五月至七月中所作，为《忠舍杂诗》的主要部分，今选择录出。

丁亥作诗最多，计有百篇以上，戊子则绝少作，除补作儿童生活诗二十首外，只有五言的一首，写在稿子的末页。

作诗

寒暑多作诗，有似发疟疾。问歇现紧张，一冷复一热。
转眼严冬来，已过大寒节。这回却不算，无言对风雪。
中心有蕴藏，何能托笔舌。旧稿徒千言，一字不曾说。
时日既唐捐，纸墨亦可惜。据榻读尔雅，寄心在蠓蠛。

三十七年一月廿七日。至一年后离开老虎桥的那一天，始作《拟题壁》一首，原文云：（即下诗）。

拟题壁

拟题云者未题也。三十八年一月廿六日。

一千一百五十日，且作浮屠学闭关。今日出门桥上望，
菰蒲零落满溪间。

这一首觉得不很满意，但是颇有意义的，所以同上边《骑驴》那一首保存下来了。此外有一卷应酬诗，是给

人家题画的，尝自题记云："咏物之作近于赋得，弄文搬典，缴卷而已，如于其中寻求意思，则是痴人说梦，无一是处也。"总计共有九十四首，已悉从删削，今特录出数章，以见一斑。(编者按：题画诗原录十首，与《题画五言绝句》重出，今删。)

往昔三十首

一之一　长沮桀溺

往昔读论语，吾爱长沮生。接舆何多事，荷蒉亦有心。
丈人供鸡黍，徒尔招讥评。唯有耦耕者，不知所问津。
挥手不复顾，妙在无人情。向往不能至，如望秋月明。
冷气彻人骨，清光自难名。

一之二　菩提萨埵

往昔读佛书，吾爱觉有情。菩萨有六度，忍辱良足钦。
布施立弘愿，顾重身命轻。投身饲饿虎，事奇情更真。
平生再三读，感激几涕零。向往不能至，留作座右铭。
安得传灯火，供此一卷经。

一之三　范蠡

往昔读国语，吾爱范大夫。忍耻逾十载，遂尔破强吴。

一言却使者，亲自执鼓桴。吴使与越师，相随入姑苏。
觍然具人面，本是蛙黾徒。但知报仇恨，情理非所喻。
读此一节话，毛戴气亦舒。向往不能至，徒悬作楷模。
人生得到此，不妨终醢菹。陋哉后世人，虚传游五湖。

一之四　王充

往昔读论衡，吾爱王仲任。读书疾虚妄，无愧读书人。
汉儒渐不竞，胥吏起叔孙。终至谈谶纬，乃与道士邻。
王君不信数，雷虚鬼非真。著书数十篇，舰缕亦肫诚。
赖有黄氏释，遗文差可明。[1]向往不能至，礼赞诵姓名。
明清有李俞，学海之三灯。[2]唯此星星火，照破千古冥。

【注】

①黄氏今人名晖，著有《论衡校释》。

②谓李卓吾、俞理初。

一之五　王守仁

往昔读古文，吾爱王阳明。瘗旅文一作，不虚龙场行。[1]
吾与尔犹彼，此语动人心。非墨也非释，儒家自有真。
后年说良知，学术为一新。未曾吃苦瓜，味道殊难名。[2]
素不喜洛闽，跳脱良所欣。擒濠虽小事，亦足傲迂生。
道谊兼事功，百世有几人。向往不能至，祠下徒逡巡。

【注】

①《瘗旅文》见《古文观止》诸选本中。

②吃苦瓜系用阳明语。

一之六 王思任

往昔读文饭，吾爱王谑庵。[1]姚江一雷震，文苑起聋暗。
温陵实滥觞，发难自公安。由熟而返生，继之以钟谭。
山阴集大成，笔舌翻波澜。略迹论风神，颇似苏子瞻。
嬉笑兼怪僻，馀人未易谙。或解啖橄榄，滋味自醰醰。
向往不能至，攀援聊自宽。后有张宗子，越风良可观。[2]

【注】

①王季重《文饭小品》五卷，清初刻，今尚有存者，原本《文饭》有五十卷云。

②张岱著有《梦忆》《西湖梦寻》及《琅嬛文集》等。

二之一 王羲之

往昔读世说，吾爱王右军。一幅兰亭序，今古称至文。
徘徊顾景光，故是东晋人。亦有用世志，终乃甘隐沦。
爱鹅访道士，妇稚知其名。戏书六角扇，老妪戚复欣。
还匿躲婆衖，幸得免纷论。[1]舍宅为僧房，戒珠榜寺门。
至今蕺山下，俨与学校邻。乡里多胜事，首最推此君。

【注】

①城内有躲婆衖，云是右军避卖扇老媪之处。

二之二　段成式

往昔读说部，吾爱段柯古。名列三十六，姓氏略能数。
不爱馀诗文，但知有杂俎。最喜诺皋记，亦读肉攫部。
金经出鸠异，黥梦亦分组。旁求得金椎，灰娘失玉履。
童话与民谭，记录此鼻祖。抱此一函书，乃忘读书苦。
引人入胜地，功力比水浒。深入而不出，遂与蠹鱼伍。

二之三　陆游

往昔论乡贤，吾爱陆放翁。著作等本身，文苑称豪雄。
名与香山并，诗派一大宗。家家画团扇，声名满城中。
奈何钗头凤，好事乃不终。春波虽常绿，不复照惊鸿。
水乡鸣姑恶，赋诗独不同。[1]隐约不忍言，言之有馀恫。
荏苒过八十，此恨终无穷。剧怜稽山土，犹恋沈园东。

【注】

①放翁夜闻姑恶诗不及姑恶事，但云哀哀如此将安归。

二之四　徐渭

往昔听乡谈，吾爱徐文长。其人颇促狭，作剧无报偿。
市井竞传说，终乃似流氓。单裤买豆腐，毕拨入茶汤。
喜与妇人戏，嬉笑辄哄堂。又复杀和尚，流祸到僧坊。[1]
浩浩徐夫子，浊世恣佯狂。畸谱殊坦白，行迹略可详。[2]
世人好闲话，传讹亦何妨。吴有唐伯虎，旗鼓差相当。

【注】

①各事均见于民间传说的文长故事中。

②文长自著年谱一卷，名曰《畸谱》，见《文长逸稿》中。

二之五　金古良

往昔看画本，吾爱金射堂。创作无双谱，此意自无双。
画或逊老莲，诗却胜老杨。[1]自比于诗史，守故曰古良。
终以文丞相，始自张子房。中有长乐老，旁及吴越王。
图赞四十人，各各不寻常。金君古遗民，微意可推详。
尊王亦贵民，影响出姚江。不必师梨洲，浙学故流长。

【注】

①谓杨铁崖作乐府。

二之六　东郭门

往昔居会稽，吾爱东郭门。吾家在城内，船步近沈园。
出门访亲友，棹舟发清晨。东行十许里，残山有箬篢。
既过皋埠市，乃至樊江村。名物松子糕，记忆至今存。
烧饼重双酥，其价才二文。[1]水程五十里，春游正及辰。
待得缓缓归，天色近黄昏。遥望城门口，薜荔如层云。

【注】

①皋埠小烧饼，樊江松子糕，皆地方名物，松子糕大块厚实，与他处绝异。烧饼重酥者佳，名曰双酥。

三之一　神农氏

往昔读古史，吾爱神农氏。教民务稼穑，文化自兹始。
又复教医术，百姓无夭死。舍身尝百药，辛苦非徒尔。
今朝嚼人参，晚或吞附子。巴豆与甘草，有时一齐饵。
非有水晶腹，内景何由视。[①]头顶似山峰，得无毒气聚。
野人多风趣，拟议得神理。可笑唯仓圣，四眼非佳谥。

【注】

①俗传神农氏有水晶肚皮。

三之二　颜之推

往昔读家训，吾爱颜黄门。生丁六朝末，身世值乱棼。
试读观我生，呜咽声暗吞。归心向三宝，此意自可原。
遗书二十篇，斐娓见情文。谈艺有新意，论学尊旧闻。
明达通情理，末世尤足尊。垂老写家教，辛苦念子孙。
岂知愍楚辈，巢覆卵不存。[①]生入舂捣寨，何处与招魂。

【注】

①之推子愍楚为朱粲属官，后全家悉为所食。

三之三　李白

往昔读唐诗，吾爱李青莲。渊明昔有愿，唯酒与长年。
李生饮中豪，斗酒诗百篇。醉来仰天笑，飘渺思游仙。
若问所喜爱，乃复在人间。人女伊可怀，曼妙比诸天。[①]

惟兹易朽质，柔美更可怜。双足如霜白，长惹梦魂牵。
人情好好色，幸喜近自然。奈何杨廉夫，鞋杯古今传。

【注】

①人女天女均佛书中语。

三之四　邵雍

往昔翻集部，吾爱邵尧夫。宋朝重道学，举世鲜真儒。
重法偏苛酷，援释近虚无。曾读濂溪集，不能解通书。
晦庵诃黎涡，出语如隶胥。[①]邵子独击壤，有意拟康衢。
渊明擅说理，泰山不可逾。披襟说闲话，庶几寒山徒。
闲居安乐窝，乃弄河洛图。后世寒康节，揭帜走江湖。

【注】

①朱元晦诗本不佳，世上无如人欲险一诗尤恶劣矣。

三之五　河与桥

往昔居越中，吾爱河与桥。城中多水路，河小劣容舠。
曲折行屋后，舍橹但用篙。夏日河水干，两岸丈许高。
洞桥如虹亘，石梁横空跷。亦常有过楼，步屧声非遥。[①]
行行二三里，桥影相错交。既出水城门，风景变一朝。
河港俄空阔，野坂风萧萧。试立船头望，炉峰干云霄。

【注】

①板桥上有屋通两岸人家，名曰过楼，亦曰过桥，为住民所私

设者，唯城内有之。

三之六　玩具

往昔买玩具，吾爱填填鼓。亦有纸叫鸡，名曰吹嘟嘟。
架上何累累，泥人与泥虎。光头端然坐，哈喇挺大肚。[①]
高髻着长帔，云是堕民妇。[②]火漆摸虾翁，攘臂据竹簖。
水牛红金鱼，果品以十数。更有木盘碗，家用诸器具。
唯独花鸭子，小儿非所许。[③]恶画复易损，只供掷骰赌。

【注】

①弥勒佛俗称哈喇菩萨。

②堕民读作堕贫，其妇女俗称老嫲，着青衣、青半臂，民间有婚丧，辄来服役，多得赏与。

③鸭蛋上以彩色画戏文，亦有画秘戏者，香市时有之。

四之一　老子

往昔论古人，吾爱周李耳。熟知古今事，久为柱下史。
阅历尽人智，无愧称老子。仲尼曾问道，赞叹不自已。
如何云中龙，为人掣其尾。骑牛过函谷，乃逢令尹喜。
闭关不令行，写经尽两纸。[①]道德五千言，言简多妙理。
道家重无为，传教自兹始。何意宗太上，后复有道士。

【注】

①鲁迅《故事新编》中《过关》一篇描写颇妙。

四之二　苏轼黄庭坚

往昔读杂文，吾爱坡与谷。二君工书画，神妙穷笔墨。
举世重文诗，书堂竞诵读。我只知杂著，题跋与尺牍。
妙得自然趣，情味满短幅。有似所作画，怪石间竹木。
独惜多忧患，文字致讼狱。[1]坡老流海南，回首望巴蜀。
涪翁宜州住，城楼雨濯足。声名比李杜，遭遇乃更酷。

【注】

①东坡文字狱详见《乌台诗案》中。

四之三　李贽

往昔论先贤，吾爱李卓吾。秃头着儒服，言行如合符。
遥遥禹稷心，俨与菩萨俱。焚书既已作，一再定藏书。
笔屑存大义，刚直过史狐。人伦重估价，肇自龙潭初。[1]
语语准情理，世俗惊相呼。吁嗟七十叟，投身饲酷儒。
遗令有先兆，倮葬如束刍。至今通州道，片石委路隅。[2]

【注】

①《焚书》《藏书》并所著书名，《初潭集》中所论亦多有精义。
②卓吾墓在通州，今尚存。

四之四　李慈铭

往昔论乡人，吾爱李越缦。诗语所不晓，文喜杂骈散。
日记颇可读，小文记游览。一卷萝庵志，书斋足清玩。

流派虽不同，风味比文饭。惜哉性褊急，往往坠我慢。
益甫与景孙[①]，廉语恣月旦。瞋目骂季贶[②]，只是由私怨。
岂因山川气，溪刻成疾患。喜得披遗编，胜于生对面。

【注】

①赵文谦与平步青。

②周星诒。

四之五　列仙图

往昔看画谱，吾爱列仙图。前人有画本，相貌多魁梧。
了不异人意，方面美髭须。此图独不尔，作者出浮屠。[①]
老聃寿者相，胡坐驾牛车。篷下悬卷轴，后有酒一壶。
赤松诸仙人，面目如干瓠。枯瘦多皱纹，俨然山泽癯。
长生不驻颜，道理非龃龉。见识能到此，善哉二氏徒。

【注】

①《列仙图赞》三册，释寂照所作，日本刻本。

四之六　夜航船

往昔常行旅，吾爱夜航船。船身长丈许，白篷竹叶苫。
旅客颠倒卧，开铺费百钱。来船靠塘下，呼声到枕边。[①]
大舱明残烛，邻坐各笑言。秀才与和尚，共语亦有缘。
尧舜本一人，澹台乃二贤。小僧容伸脚，一觉得安眠。[②]
晨泊西陵渡，朝日未上檐。徐步出镇口，钱塘在眼前。

【注】

①夜中行船以塘路为准，互呼靠塘下，以避冲突。

②尧、舜、澹台灭明及伸脚语，出张宗子《夜航船序》，见《琅嬛文集》中。

五之一　陈洪绶

往昔看图像，吾爱陈老莲。身是明遗民，悔迟学逃禅。
诗味比少陵，乃以画人传。画中有书卷，佳妙非一端。
衣褶皆殊绝，自是古衣冠。女面如倒盂，不作瓜子尖。①
窄额丰辅颊，唐俑多婵娟。环肥正非偶，华清想当年。
后有任渭长，於越图先贤。笔法得一二，佳誉满萧然。②

【注】

①面上小下大者，俗称“倒盂脸”。

②任渭长，名熊，萧山县人，地有萧然山，因以名县。

五之二　蒲松龄

往昔读志异，吾爱蒲留仙。源流出唐人，属词特鲜妍。
委曲尽世情，十九属寓言。演述怕婆事，醒世说因缘。①
善写儿女态，却在狐鬼篇。青凤与连琐，魅尽诸少年。
今古传奇文，至此造顶颠。名高运亦穷，有如秋水轩。
一再经模拟，语意不新鲜。淞影富卷帙，冷落王紫诠。②

【注】

①《醒世姻缘传》一书经胡适之考证，亦系蒲氏所作。

②王韬生同治光绪时，著有《淞影漫录》等书甚多。

五之三　扫叶楼

往昔在南京，吾爱扫叶楼。闭居管轮堂，七日得一休。
群走清凉山，聊以散牢愁。明贤龚半千，异路不相谋。
高楼出木末，喜得豁双眸。会当风雨时，可作半日留。
倚楼望台城，块然如层丘。[①]苍茫有古趣，感触如深秋。
少不经世务，读史增百忧。缅想南朝事，点滴上心头。

【注】

①实际上未能望得见，姑如此说耳。

五之四　炙糕担

往昔幼小时，吾爱炙糕担。夕阳下长街，门外闻呼唤。
竹笼架熬盘，瓦钵炽白炭。上炙黄米糕，一钱买一片。
麻糍值四文，豆沙裹作馅。[①]年糕如水晶，上有桂花糁。
品物虽不多，大抵甜且暖。儿童围作圈，探囊竞买啖。
亦有贫家儿，衔指倚门看。所缺一文钱，无奈英雄汉。

【注】

①糍粑中裹馅，名为麻糍。

五之五　神话

往昔读西书，吾爱古神话。埃及与印度，象教夙称霸。

形相多异物，睢盱可怪诧。唯有希腊人，想像特明慧。
天上如人间，营营为憎爱。神人同一体，伟美超凡界。
诗人作祭司，宗教归美化。艺文旋复兴，影响遍诗画。
后人谈文明，恍负一重债。所惜时地隔，未得及华夏。

五之六　性心理

往昔务杂学，吾爱性心理。中国有淫书，少时曾染指。
有如图秘戏，都是云如是。莫怪不自然，纲维在男子。
后读西儒书，一新目与耳。无有秽与净，横陈观玉体。
人欲即天理，非鸩亦非醴。[1]为酬平生愿，须得大欢喜。
大食有香园，反复明斯旨。[2]今经科学光，明净故无比。

【注】

①李笠翁在《肉蒲团》中，曾有类似之意见。

②《香园》者阿剌伯古书，可与《素女经》之类相比，而其性质意见绝不相似。

后记

去年五月末自北平移南京，居于老虎桥，长夏无事，偶作小诗，并为人题画，前后半年，得诗数十，其中有《往昔》一题，凡五续，共三十首，别录为一卷。兴之所至，随意写出，初无格律，亦多出韵，本不可以诗论，但期达意而已。情动于中而形于言，咏叹淫泆，乃成为诗，而人间至情，凡大哀极乐，难写其百一，古人尚尔，况在鄙人，深恐此事一说便俗，非唯不能，抑亦以为不可者也。此三十首多说史地杂事，稍附意见，多已见于旧日小文中，亦无甚新意，其与旧作有殊者，唯在形式似诗耳。若即此以为是诗，则唐突诗神，亦已太甚矣。一九四七年一月二十日，知堂记于南京。

丙戌丁亥杂诗[1]

【增补】狂人

少小读儒书，尊崇孔仲尼。无可无不可，号为圣之时。
嗣复见老子，广大似过之。大道不可名，世事差能知。
飘风与骤雨，天地难久持。儒家贵中庸，道理或在兹。
齿亡舌尚存，复是隐者师。庄生说木雁，反复畅陈辞。
道家重养生，为我固其宜。众生虽苦饿，未肯投身施。
毳衣出函关，逝去不复疑。后世有哲士，读史识其微。
自疑在水浒，朝夕多惧思。唯恐身作脯，徒佐酒一卮。
自称曰狂人，措词杂愤悲。此意无人领，归卧东海湄。
逝者长已矣，杯羹不可遗。但怜坚目辈，芸芸亦若为。

【鄢校】

❶《老虎桥杂诗》原为《丙戌岁暮杂诗》十一首、《丁亥暑中杂诗》三十二首两部分。周氏编本集时合为《丙戌丁亥杂诗》，删去《丙戌》中三首并《后记》、《丁亥》中十首并《后记》。今一并增补。

【增补】天才

昔住本乡时，常闻索士语。[1]极口颂天才，凡愚无足数。
未必是超人，文明有盟主。俗世不相容，有怀不得吐。
有如鹄在笼，奄忽化黄土。孰乃杀性解，应得大咒诅。[2]
哲人自萎谢，孽报斯为巨。自坏汝长城，灾祸还归汝。
忽忽四十年，人琴无处所。酌酒湛空觞，劳劳亦何补。

【注】

①索士为鲁迅旧时别号，此篇所述均系当时原意。

②索士以天才一语不妥适，曾改译为性解。

【增补】挑担

我身才中人，宿命应挑担。照料十方堂，扫地供粥饭。
不必为结缘，本分事应办。但愿各随喜，时至自聚散。
何意见白发，忽尔遭按剑。本当共忧喜，十年成敌怨。
虞帝大圣人，福德可赞叹。吾辈本凡民，所宜安忧患。
忍过事堪喜，此语庶无间。无心学娄公，聊且任唾面。

打油

昔读寒山诗，十中了一二。亦尝看语录，未能彻禅味。
但喜当诗读，所重在文字。吟诗即说话，此语颇有致。
偶尔写一篇，大有打油气。平生怀惧思，百一此中寄。
掐臂至见血，摇头作游戏。骗尽老实人，得无多罪戾。

说破太行山，亦复少风趣。且任泼苦茶，领取塾师意。[1]

【注】

①太行山事见赵梦白《笑赞》中。甲乙争太行山，甲读泰杭，乙读大行，就塾师取决焉，塾师左袒读大行者，甲责之，塾师曰，你输一次东道不要紧，让他一世不识太行山。

童话

平生有所爱，妇人与小儿。委屈殊堪念，况此婉娈姿。
圣王哀妇人，周公非所知。又复嘉孺子，此意重可思。
仁者相人偶，彼我无差违。哲人重理知，人事无弗窥。
迢迢千百年，文化生光辉。妇女与儿童，学问各分支。
染指女人论，下笔语枝离。隐曲不尽意，时地非其宜。
着手儿童学，喜读无厌时。志在教与养，游戏实始基。
围坐说故事，歌谣声喔咿。瓦狗及木马，哄笑共游嬉。
撮土为盘筵，主客各陈词。儿童有权利，道理可发挥。
黾勉写文字，心尽力不随。半生事笔墨，辛苦为法施。
百事无一成，吾力固为微。却顾小儿辈，怅惘不自持。
人情爱弱小，牛马任所为。非不知烦恼，乐此不为疲。
善哉诸老翁，相对吾愧之。媪煦虽有心，胜业终多亏。
何时得还愿，补写童话诗。持赠小朋友，聊当一勺饴。

读书

读书五十年，如饮掺水酒。偶得陶然趣，水味还在口。
终年不快意，长令吾腹负。久久亦有得，一呷识好丑。
冥想架上书，累累如瓦缶。酸甜留舌本，指愿辨良否。
世有好事人，扣门乞传授。舌存不可借，对客徒搔首。

笑话

听人说笑话，数见已不鲜。更喜及下体，廉语讨人欢。
滑稽与狎亵，妙在不尽言。有如演杂耍，技术最为先。
磁碟易损质，旋转随竹竿。美人走绳索，往复有馀闲。
一心保平衡，所争分厘间。少或失中道，颠堕在目前。
说话非易事，大旨只是悭。喋喋过分限，徒自招讥嫌。

大寒

时节近大寒，朝夕多风雪。纪数过二九，寒气何凛烈。
疾风不终朝，骤雨不终日。短至日转长，严冬馀三一。
屈指交春时，即在上元夕。虽复有馀寒，未必妨启蛰。
天地有盈虚，往复成季节。农夫自了知，无待圣人说。

梅子

文人爱梅花，诗画极普遍。亦有风雅客，踏雪骑驴看。

独不画梅子，未免是缺憾。诗词咏景物，时或一二见。[①]
我意同儿童，果饵最所羡。梅干与梅酱，佳品出蜜饯。
更有大青梅，酸味齿牙溅。儿拳一下击，生脆倏迸绽。
称曰青榔头，乡语可怀念。恨不遇曹公，醋浸送一担。

【注】

①宋人词中有红英落尽青梅小，青梅如豆柳如眉，闲穿绿树寻梅子诸语，但总不及唐诗中绕床弄青梅，以儿童生活为背景，更有情趣也。

文字

半生写文字，计数近千万。强半灾梨枣，重叠堆几案。
不会诗下酒，岂是文作饭。读书苦积食，聊且代行散。
本不薄功利，亦自有誓愿。诚心期法施，一偈或及半。
但得有人看，投石非所恨。饲虎恐未成，遇狼也已惯。
出入新潮中，意思终一贯。只憾欠精进，回顾增感叹。

丙戌岁暮

从前作绝句，漫云牛山体。近又写五言，似拟寒山子。
自身非禅门，稗贩无一是。还自写我诗，笔画代口耳。
寄远示友生，本意只如此。茫茫大狗年，涂画尽数纸。
倏忽将改岁，唐劳可以已。诚知笔墨贱，不及钱刀利。
岂无恩与怨，欲报无由致。行当濯手足，山中习符水。

【增补】《丙戌岁暮杂诗》后记

前作《往昔》，凡五续，得五言古诗三十首。续有所作，体制相同，题材无定，因以杂诗名之，既成十一首，而旧历改岁，遂亦暂作结束。余所作本非诗，而亦复非散文。本意仿偈颂体写之，亦殊有风致，唯无韵以范围之，觉得太无限制，且如意思浅少，漫然下笔，画虎不成，反为可笑，故不敢为耳。今虽每篇有韵，亦只约略取其近似者用之，上去声或通押，盖此本但以语音为准，而非根据韵书者也。

三十六年一月二十日，知堂记。❶

【增补】黑色花

顷日见好梦，寻得黑色花。如墨或如漆，比拟毫厘差。
冥冥如长夜，设喻将非夸。上翔猫头鸟，下伏癞虾蟆。
是实有见毒，有如美杜沙。倏忽化为石，伪笑露齿牙。[①]
法力制人天，摩吕不能遮。[②]我未学咒法，红衣师喇嘛。
板凳作马骑，人足换桠杈。[③]却喜最黑术，能伏两脚蛇。[④]

【鄢校】

❶此处以上为原《丙戌岁暮杂诗》，以下为原《丁亥暑中杂诗》。

【注】

①美杜沙者，希腊神话中神物，三戈耳共之一，貌如美妇人而有见毒，见之者辄化为石。

②摩吕乃仙草根，航海者过巫女之岛，受其宴飨者悉被变形为兽畜，后得神人助，予以此草，能破巫术，复返人身。

③喇嘛云善咒法，骑凳换足诸事，见于纪晓岚笔记中。

④世间称伤害人之法术曰黑术，其利人者则云白术，如求雨等。

鬼夜哭

仓颉造文字，其时天雨粟。亦有南山鬼，夜半号咷哭。
天意似欣喜，发廪散五谷。有似雨香花，往事征天竺。
鬼意欲何为，诡秘殊难度。或恐凿混沌，不能保纯朴。
或惧窥幽奥，如燃通犀角。可惜小鬼头，识见尚不足。
唐有吴道子，变相图地狱。清人罗两峰，鬼趣画满幅。
不必借文字，幽隐无弗烛。更有张天师，画符如蚓曲。
一纸下雷部，狠过钟馗捉。不比官文书，出入弄笔墨。
寒村穷秀才，旦夕捧书读。摇头诵左传，周易背烂熟。
常被鬼揶揄，耸肩如蝙蝠。饼酸酒味薄，生计遭逼迫。[1]
虽持无鬼论，虚耗苦难逐。此时鬼应喜，日夜笑局局。

【注】

①鬼窃食但嗅其气，新蒸馒头辄皱缩，酒则味淡如水，或化为浆，稠黏而酸云，见孙志祖著《寄龛甲志》。

【增补】女人国

昔人作小说，幻出女人国。其地无丈夫，窥井自孕育。
设想非不奇，阴阳苦孤独。又或妻为纲，夫男作纲目。
女君罗面首，人事正反覆。岂不快人意，所重在报复。①
平等良大难，故事未容续。男女相人偶，天然成眷属。
相推复相就，如轮共一轴。茫茫人世事，端在衣食足。
自在不相离，公平即为福。②奇迹止于斯，何用惊世俗。

【注】

①《西游记》说女人国，无有男子，盖本于古代传说，《镜花缘》之女儿国则男女易位，此自是作者的讽刺，犹《聊斋》之说罗刹海市耳。

②自在则不相离，此意见英国诗人勃莱克所作《桃金娘》一诗中。

中山狼

昔有东郭生，骑驴作浪游。道中见狼子，乞命频叩头。
启笈救疲狼，或是墨者流。难去狼复出，欲断先生喉。
咨询及桑树，同意有老牛。动植本一体，何所用怨尤。
终乃逢老叟，纵横多智谋。引狼却入笈，一剑还相酬。
此事大有名，流传遍九州。示戒行道者，慎防貉一丘。
我曾遇野狼，似狗伏道周。望见白棓影，曳尾窜田沟。
人世有异物，面目犹同俦。忽尔现狼相，不省恩与仇。

民间惧人狼，颇复似此否。[1]掩卷灯下坐，思之发沉忧。

【注】

①人狼者，人而能化为狼，食人或羊，中国旧称变鬼人，见谢在杭著《五杂组》。

西游记

儿时读西游，最喜孙行者。此猴有本领，言动近儒雅。
变化无穷尽，童心最歆讶。亦有猪八戒，妙处在粗野。
偷懒说谎话，时被师兄骂。却复近自然，读过也难舍。
虽是上西天，一路尽作耍。只苦老和尚，落难无假借，
却令小读者，展卷忘昼夜。著书赠后人，于此见真价。
即使谈玄理，亦应如此写。买椟而还珠，一样致感谢。

红楼梦

尝读红楼梦，不知所喜爱。皎皎名门女，矜贵如兰茝。
长养深闺里，各各富姿态。多愁复多病，娇嗔苦颦黛。
蘅芜深心人，沉着如老狯。啾唧争意气，捭阖观成败。
哀乐各分途，掩卷增叹慨。名花岂不艳，培栽费灌溉。
细巧失自然，反不如萧艾。反复细思量，我喜晴雯姐。
本是民间女，因缘入人海。虽裹罗与绮，野性宛然在。
所惜乃短命，奄忽归他界。但愿现世中，斯人倘能再。
径情对家国，良时庶可待。

牛女

俗传七月七，牛郎会织女。乌鹊架为桥，一年才一度。
书斋有学究，捋须说大误。是有牛女星，列在天河浒。
世人不好学，错解作夫妇。吾辈凡俗人，却喜小儿语。
传说有佳篇，正复在尔许。久负天帝钱，赖债此为祖。
责偿罚分飞，岁岁别离苦。未必似暴君，适逢家长怒。
耶威最酷烈，宙斯常动武。[①]耕织偿聘钱，此事犹为恕。
当作神话看，比较多风趣。学问辨真假，人情无今古。
满纸荒唐言，悲欢动妇孺。若欲谈天文，自当按星谱。

【注】

①耶和华或改译为耶威，宙斯者乃古希腊神话中天帝之名也。

【增补】夸父

夸父昔逐日，陶公曾有诗。功竟在身后，此语重可思。
甘渊不可至，邓林实所遗。此事足千古，俗辈安能知。
我思魏晋人，所见诚深微。委曲通人心，情至理不违。
唐宋固文盛，思想渐萎衰。虚言张道谊，酷儒为士师。
尔来讲学者，千载发光威。此辈适何来，疑是鲜卑儿。
习得汉文字，虏性犹未移。盛气向华人，有如曩昔时。
于今成学风，群起而力追。昔人斥奴气，大意或在斯。
我怀公之佗，后起安可期。[①]

【注】

①公之佗为傅青主别号之一。

伯牙

伯牙善鼓琴，但为知己役。钟期既逝去，琴声遂永绝。
所以人琴亡，良由质已失。吾辈平凡人，还自有分别。
绝技固未有，知音不可必。有怀欲倾吐，且拼面壁说。
或如吴门僧，台前列顽石。即使不点头，聊可破寥寂。
大声叫荒野，私语埋土穴。古人有行者，方法不一一。
何必登高座，语语期击节。或有自珍意，随时付纸笔。
后人如不读，亦堪自怡悦。欲出悉出已，能事斯已毕。

【增补】好颜色

我昔曾学剑，书法非所识。但能辨点画，纸白而字黑。
狱吏来求索，浪费纸与墨。入市看无盐，人情无乃惑。
一日写扇面，豁然顿疑释。多谢愚泉子，见致双印石。
更有果居士，贻我好颜色。印文落纸尾，赫如樱唇赤。
鲜艳夺人目，无怪竞欲得。我受二君赐，一得亦一失。
雅玩殊可喜，得无近怀璧。少时知所戒，今乃为之役。[①]

【注】

①八月十三日酷热，为人书扇，戏作是篇，并致袁愚泉刘果斋二君。

【增补】纪晓岚

东坡喜说鬼，妄言聊解酲。本来无所为，妙语乃环生。
后世谈神怪，唯以寄劝惩。颜夭跖乃寿，此理既无凭。
况复涉三世，支离弥可憎。纪氏作五记，文笔颇清明。
为有宣传意，难动识者听。却有一节话，题曰绳还绳。
缚狐还被缚，报复相因承。等是示儆戒，此意差可称。
孔子重直道，报怨得其平。牙眼各相报，见于景教经。
儒家贵中庸，天主有威名。同时传此语，不能违人情。

李长吉

吾怀李长吉，善作幽怪诗。及读南园篇，中心常怀疑。
生为唐宗室，身世非卑微。浪游觅诗句，长有奚囊随。
不知何所感，乃作孤愤词。欲买耶溪剑，誓从猿公归。
十年游扬州，薄幸杜牧之。忍过事堪喜，此言亦若为。
文人多感触，千古类如斯。哀怨虽刻骨，旁人那得知。
却怜长爪郎，平生未展眉。倏忽赴帝召，未及辞阿姆。
玉楼纵云乐，越游终虚期。神剑不自跃，欲以报阿谁。

【增补】陶渊明

宋书传隐逸，首著陶渊明。名文归去来，所志在躬耕。
本来隐逸士，非不重功名。时难力不属，脱然谢簪缨。
人不可无势，桓温语足征。孟嘉亦豪杰，尺寸无所凭。
偃蹇居掾属，徒为蝼蚁轻。五斗悔折腰，此意通弥甥。
细读孟君传，可以知此情。俗儒辩甲子，曲说徒瞢腾。

笑林

忆昔读笑林，着想多妙绝。小妖作变怪，忽被净瓶吸。
魔王旋降服，喽啰悉得出。王慰诸魔众，苦饿曾几日。
答言饿尚可，几乎挨挤煞。微言妙得间，一语发笑噱。
更有川柳诗，字数才十七。讽刺世俗情，善能搜间隙。
亦或咏史事，情事写历历。文王访太公，徐步近水侧。
钓得鱼儿否，负手搭讪说。一曲渭水河，逼真过演剧。
谐谑虽小道，亦是一艺术。伺机窥要害，一攫不容失。
贤达善大言，满纸语刺刺。[1]无怪初学者，展卷眼生缬。

【注】

①刺读若切。

花牌楼

往昔住杭州，吾怀花牌楼。后对狗儿山，茕然一培塿。

出门向西行，是曰塔儿头。不记售何物，市肆颇密稠。
陋屋仅一楹，寄居历两秋。夜上楼头卧，壁虱满墙陬。
饱饲可免疫，日久不知愁。楼下临窗读，北风冷飕飕。
夏日日苦长，饥肠转不休。潜行入厨下，饭块恣意偷。
主妇故疑问，莫是猫儿否。[①]明日还如此，笑骂尽自由。
饿死事非小，嗟来何足羞。冷饭有至味，舌本至今留。
五十年前事，思之多烦忧。[②]

素衣出门去，踽踽欲何之。[③]行过银元局，乃至司狱司。
狱吏各相识，出入无言词。径至祖父室，起居呈文诗。
主人或不在，闲行狱神祠。或与狱卒语，母鸡孵几儿。[④]
温语教写读，野史任翻披。十日二三去，朝出而暮归。
荏苒至除夕，侍食归去迟。灯下才食毕，会值收封时。
再拜别祖父，径出圜木扉。夜过塔儿头，举目情凄而。
登楼倚床坐，情景与昔违。暗淡灯光里，遂与一岁辞。[⑤]

吾怀花牌楼，难忘诸妇女。主妇有好友，东邻石家妇。
自言嫁山家，会逢老姑怒。强分连理枝，卖与宁波贾。
后夫幸见怜，前夫情难负。生作活切头，无人知此苦。[⑥]
佣妇有宋媪，一再丧其侣。最后从轿夫，肩头肉成阜。
数月一来见，呐呐语不吐。但言生意薄，各不能相顾。
隔壁姚氏妪，土著操杭语。老年苦孤独，瘦影行踽踽。

留得干女儿，盈盈十四五。家住清波门，随意自来去。
天时入夏秋，恶疾猛如虎。⑦婉娈杨三姑，一日归黄土。
主妇生北平，髫年侍祖父。嫁得穷京官，庶几尚得所。
应是命不由，适值暴风雨。中年终下堂，飘泊不知处。
人生良大难，到处闻凄楚。不暇哀前人，但为后人惧。⑧

【注】

①所谓主妇者，乃是祖父之妾，昔日文章中，称之曰宋姨太太，实乃姓潘，北京人也。

②余居杭州时为前清丁酉戊戌，距今正已五十年。案此系己亥年所注。其一。

③先君于丙申秋去世，次年往杭州，故尚服丧也。

④周玉居邻室，畜鸡数只。

⑤其二。

⑥民间称妇人再醮者为二婚头，其有夫尚存在者，俗称活切头，大抵由其夫家转卖与人，母家因曾收财礼不能过问也。

⑦恶疾指传染病霍乱，今讹称虎列拉，亦云虎疫。

⑧其三。

袁随园

往昔读诗话，吾爱袁随园。摘句有佳语，前人加朱圈。
亦稍发议论，少年常爱看。及后重取阅，相隔五十年。
影迹模糊在，味道不新鲜。多言尹相国，如见时胁肩。
所喜重性灵，主张近公安。却独以此故，见怒于时贤。

恶口章实斋，反复妇学篇。浙学分东西，派别故俨然。

刘继庄

人生在世间，常为人所欺。自欺复欺人，三者斯尽之。
善哉刘生言，大慧亦大悲。看彻愚与恶，如何不厌离。
仁者虽已悟，却复有所为。事功期及众，力行为始基。
礼乐本民情，惜为王者私。持以还人民，六艺可博施。
禹稷急民事，足为今人师。己亦在人中，墨子语可思。
生活即天理，今古无乖违。投身众流中，生命乃无涯。
或笑殉道者，追风宁非痴。自欺理难免，为人义无亏。
以死求生存，正命复奚疑。立德与立功，于此其庶几。[①]

【注】

①刘继庄著《广阳杂记》五卷，上所述语即出其中，后半则是作者私意耳。

秋虫

凉风起夜半，秋虫鸣前庭。细听非促织，乃是油唧呤。[①]
因风送繁响，恍如振银铃。反复鼓哀调，急迫难为听。
剧怜黑大汉，何缘作此声。将是唱恋歌，当户理鸣筝。
及时不见采，将随秋草零。造物乐有物，众生执此生。
生生实天意，仁义乃俗情。方向既自定，道路所由成。
人生诚微末，智力庶可凭。若不造幸福，空负灵长名。

哲人重自然，高论涉杳冥。倘欲返本真，应学秋虫鸣。

【注】

①油胡卢似蟋蟀而大，油黑而有光，不能斗，鸣声亦较为单调，乡语呼为“油唧呤”。

中元

中元为鬼节，人家竞祭祖。照例十碗头，荤素约半数。[①]
今朝特严肃，供菜用全素。别制南瓜饼，有似古寒具。
蒸瓜取其肉，和面下油釜。炸作黄金色，甜味悦妇孺。
例必有西瓜，犬牙切交互。秋凉瓜价贵，千钱无买处。
再拜奠酒浆，分坐各散胙。若在乡村人，行事更多趣。
十五迎精灵，家家设炬火。[②]门前焚苎梗，迎神声凄楚。
我不信鬼神，人情知恋慕。闻此每愀然，如灵俨在户。
十六设祖饯，送神归地府。茄牛角峥嵘，瓜马足彳亍。
持此为神骑，跨之从此去。亦有莲花灯，荷叶置烛炷。
黄昏列队行，碧影满衢路。本意照幽冥，游戏属儿女。
今日明晃晃，明日委泥土。童谣说无常，不知谁所谱。[③]
会值盂兰盆，大旨无违忤。我本出田间，颇知人间苦。
语及旧风俗，情意多能喻。怀念乡村人，东望徒延伫。

【注】

①越俗平常宴集率用十簋，称为十碗头，多六荤四素八荤二素，五荤五素不常有，兹云半数实为趁韵故也。

②火字依俗读若“虎”。

③北京童谣云，莲花灯，今儿点，明儿扔。小儿持灯，游行街上，率同声歌之。

水神

越人与水狎，断发而文身。入水斗蛟蜃，不闻畏水神。
希腊有神女，常居河海滨。年少美容颜，可畏亦可亲。
时就凡人戏，解佩致殷勤。诗画多取材，流传为世珍。
尝读如梦记，乡曲记旧闻。[1]池沼有主者，类是龙蛇伦。
常悦人间女，拉致为婚姻。是名阿玉池，绿水不生纹。
水在五行中，柔媚最近人。舟楫通远地，罟网获巨鳞。
食饮并盥濯，切身多欢欣。一朝入水底，忽尔为波臣。
交作河水鬼，水际永沉沦。平生居水上，一死原无论。
独惜乐水意，不及怀土殷。流水有情意，死生不可分。
生时承爱抚，死亦获温存。所当爱海女，无愧水乡民。

【注】

①《如梦记》者日本坂本文泉子著书，原名《梦一般》。

白蛇传

顷与友人语，谈及白蛇传。缅怀白娘娘，同声发嗟叹。
许仙凡庸姿，艳福却非浅。蛇女虽异类，素衣何轻倩。
相夫教儿子，妇德亦无间。称之曰义妖，存诚亦善善。

何处来妖僧，打散双飞燕。禁闭雷峰塔，千年不复旦。
滦州有影戏，此卷特哀艳。美眷终悲剧，儿女所怀念。
想见合钵时，泪眼不忍看。女为释所憎，复为儒所贱。
礼教与宗教，交织成偏见。弱者不敢言，中心怀怨恨。
幼时翻弹词，文句未能念。绝恶法海像，指爪掐其面。
前后掐者多，面目不可辨。迩来廿年前，塔倒经自现。
白氏已得出，法海应照办。请师入钵中，永埋西湖畔。

【增补】八犬传

中原有市镇，不幸遇兵燹。屋破人尽去，唯存狼与犬。
狼从山中来，犬是村中产。相会废墟中，废墟归总管。
狼本无所为，志在得片脔。手法有祖传，不知恩与怨。
犬虽出狼族，忠义性不变。每见生客过，虑为主人患。
跳踉相追逐，垂舌杂呼喘。旅人狼狈去，一口或难免。
不知旧主人，洋场正避难。安卧高楼中，身心甚康健。
侍卫固徒劳，勇猛可示劝。待得太平时，为作八犬传。[1]

【注】

①偶读梁实秋《雅舍小品》中的一篇《狗》，戏作此章。《八犬传》者，日本旧小说，马琴仿《水浒传》而作也。

【增补】不可说

朝鲜有故事，名曰不可说。是实一怪兽，遍身如钢铁。

每日不吃食，唯需针一石。王命挈之来，兽圈生颜色。
所苦求过供，铁针不暇给。搜刮遍民间，怨声起啧啧。
王令杀此獠，刀剑不能入。积薪付荼毗，薪尽体通赤。
倏起突围去，街市悉焚爇。结果终如何，下文付盖阙。
我昔闻此事，妙处在幽默。若问其中意，至今不识得。①

【注】

①不可说的故事，见于《传说之朝鲜》一书中，三浦环所编。

秋老虎

节候过立秋，转瞬将半月。登楼望桐子，焦黄见秋色。
入夜闻秋声，庭前鸣蟋蟀。白日临高窗，午后仍苦热。
俗称秋老虎，残暑有馀烈。夜半气候变，凉风时淅淅。
秋日虽可畏，终与三伏别。变色谈山君，未免太胆怯。
宽猛还相济，毕竟是英物。倘遇秋天狼，金流石应烁。

茶食

东南谈茶食，自昔称嘉湖。今日最讲究，乃复在姑苏。
粒粒松仁缠，圆润如明珠。玉带与云片，细巧名非虚。
北地大八件，品质较粗疏。更有土产品，薄脆出缸炉。
半饱可点心，或非茶时需。吾意重糕饼，稍与常人殊。
蒸炼有羊羹，制出唐浮屠。馒头澄沙馅，云是祖林逋。
亦喜大福饼，朵颐学儿雏。杖头有百钱，一日足所需。

干糇可庋藏，且置室一隅。会当风雨夕，慰情聊胜无。
煎饼庶其选，可以佐苦茶。更喜甜纳豆，肥美诚可茹。
故里塔山下，小饼号香酥。并配炒芽豆，为值良区区。
只今投百金，难得一握馀。[1]俯仰三十年，感叹无乃愚。

【注】

①案，丙戌丁亥正金圆券泛滥时，物价踊贵，故云尔。

修禊

往昔读野史，常若遇鬼魅。白昼踞心头，中夜入梦寐。
其一因子巷，旧闻尚能记。次有齐鲁民，生当靖康际。
沿途吃人腊，南渡作忠义。待得到临安，馀肉存几块。
哀哉两脚羊，束身就鼎鼐。犹幸制熏腊，咀嚼化正气。
食人大有福，终究成大器。讲学称贤良，闻达参政议。
千年诚旦暮，今古无二致。旧事倘重来，新潮徒欺世。[1]
自信实鸡肋，不足取一胾。深巷闻狗吠，中心常惴惴。
恨非天师徒，未曾习符偈。不然作禹步，撒水修禊事。

【注】

①因子巷见朱弁《曲洧旧闻》，食人肉见庄季裕《鸡肋编》。

【增补】乞食

陶公昔乞食，鲍叔曾解衣。古人去我久，不意复见之。
我生非君子，固穷亦奚辞。愧不信冥报，致谢徒虚词。

平生弄笔墨，妄想作法施。立言终空幻，半偈只自怡。
且当啖牛肉，醉倒土地祠。[1]兀兀却复醒，吟此一首诗。[2]

【注】

①旧作有云，携归白酒私牛肉，醉倒村边土地祠。

②戊子八月四日改作。末四句改作饱饮猴魁茶，高谈历岁时。何以志君惠，留此一首诗。六六年八月四日。

梧桐

中庭有梧桐，亭亭如华盖。碧叶手掌大，荫庇诸蝉类。
繁荣极夏日，倏值岁时改。时光不可见，日日夺苍翠。
桐子已黄熟，收入童儿袋。萧萧秋风起，飘然一叶坠。
蝉声俄寥落，渐以促织代。却惊懒妇心，寒衣未补缀。

鲁酒薄

不知鲁酒薄，何以邯郸围。我却喜此语，因缘或相违。
越地善酿酒，声名四远驰。一旦遭兵火，此业遽凌夷。
糯米无来路，巧妇难为炊。乃知溧阳失，遂使越酒漓。[1]
昔时吃老酒，三钱沽一卮。两碗既落肚，陶然忘饥疲。[2]
即今出万钱，不足润喉颐。新酿苦味薄，旧贮更无遗。
空令酒大户，感叹时运非。何时得畅意，独酌倾大杯。

【注】

①绍兴酒在本地只称老酒，用糯米所做，需米极多，均系由溧

阳输入者。

②平时沽酒不论斤，但以酒吊子计数，称曰一提，市价六文，适足两碗，唯老百姓吃酒以两碗为起码，若只能喝一碗，则视为不足道，殊无入酒店吃碗头酒之资格也。

【增补】红花

昔日读红花，吾怀伽尔洵。自称为懦夫，慈悲发大心。
会值俄土战，死伤日益深。扼腕救不得，痛苦愿平分。
有如库士玛，投身去从军。四日卧战场，只脚幸尚存。
又或如伊凡，怯弱安贱贫。爱彼倚门女，念此多苦辛。
徒劳不得意，一身等轻尘。感念人间苦，又或为狂人。
瞥见红色花，认为众恶因。焦思日消瘦，一旦死墙阴。
握花在手中，面上见笑痕。我爱古文士，不徒写诗文。
是中有真意，恻恻为群伦。言行常相副，非止呼与呻。
器识能如此，立言乃可尊。翰林与御史，彼哉安足论。[①]

【注】

①《红花》《懦夫》《四日》，均系伽尔洵所作小说篇名，库士玛与伊凡，则是诸小说中人名也。

【增补】《丁亥暑中杂诗》后记

七月下旬移居东独居，稍得闲静，而天气特炎热，唯借阅杂书，聊以消夏。间或写五言杂诗，初得《黑色花》《鬼夜哭》二首，总题云新古典诗。其时方写《儿童杂事诗》，故暂搁置。阅十许日复写《女人国》《中山狼》，性质尚相似，唯以后则渐以杂糅，殊少古典之气息矣，乃改题曰“暑中杂诗”，计自大暑以至处暑，一个月中共得三十二首，因录为一卷。此种俳谐诗，本是姑妄言之的性质，不会得有多少思想感情藏在里面，其中唯《花牌楼》一题三章，差为用意之作，但在见过我的杂文的人看去，亦只是将散文中有过的有些意思变为韵语的形式而已，以云新的意味，殆未尝有也。新的感想岂尔易得，即使有之，亦何必寄之于消暑的杂诗中耶。

卅六年八月廿七日，知堂记。

儿童杂事诗

序

前年六月偶读英国利亚（Lear）的诙谐诗，妙语天成，不可方物，略师其意，写儿戏趁韵诗，前后得十数首，亦终不能成就。唯其中有三数章，是别一路道，尚可存留，即本编中之甲十及十九、又乙三是也。因就其内容，分别为儿童生活、儿童故事两类，继续写了十日，共得四十八首，分编甲乙，总名之曰《儿童杂事诗》。后又续有所作，列为丙编，乃是儿童生活诗补，亦二十四首，唯甲编以岁时为纲，今则以名物分类耳。我本不会做诗，但有时候也借用这个形式，觉得这样说法别有一种味道，其本意则与用散文无殊，无非只是想表现出一点意思罢了。寒山曾说过，分明是说话，又道我吟诗。我这一卷所谓诗实在乃只是一篇关于儿童的论文的变相，不过现在觉得不想写散文，所以用了七言四句的形式，反正这形式并无什么关系，就是我的意思能否多分传达也没有关系。我还深信道谊之须事功化。古人云，为治不在多言，但力行何如耳。我辈的论或诗，亦只是道谊之空言，于事实何补也。

一九四八年三月二十日雨中，知堂记于南京。

儿童杂事诗卷一（甲编·儿童生活诗廿四首）

甲之一　新年

新年拜岁换新衣，白袜花鞋样样齐。小辫朝天红线扎，分明一只小荸荠。

荸俗语读平声，如蒲。

甲之二　新年二

昨夜新收压岁钱，板方一百枕头边。大街玩具商量买，先要金鱼三脚蟾。

大钱方整者名曰板方。金鱼等皆用火漆所制，一枚值钱三四文。

甲之三　新年三

下乡作客拜新年，半日猴儿着小冠。待得归舟双桨动，打开帽盒吃桃缠。

新年客去，例送茶食一盒置舟中，纸盒圆扁，形如旧日帽盒，俗即以纸帽盒称之。合锦点心中，以核桃缠松仁缠为上品，馀亦只是云片糕炒米糕之类而已。

甲之四　上元

上元设供蜡高烧，堂屋光明胜早朝。买得鸡灯无用处，厨房去看煮元宵。

甲之五　风筝

鲇鱼飘荡日当中，胡蝶翻飞上碧空。放鹞须防天气变，莫教遇着乱头风。

鲇鱼胡蝶皆风筝名，俗称曰鹞，因风筝作鹞子形者多也。

甲之六　上学

龙灯蟹鹞去迢迢，关进书房耐寂寥。盼到清明三月节，上坟船里看姣姣。

儿童歌云：正月灯，二月鹞，三月上坟船里看姣姣。

甲之七　扫墓一

扫墓归来日未迟，南门门外雨如丝。烧鹅吃过闲无事，绕遍坟头数百狮。

百狮坟头在南门外，扫墓时多就其地泊舟会饮。不知是谁家茔墓，石工壮丽，相传云共凿有百狮，但细数之亦才有五六十耳。

甲之八　扫墓二

牛郎花好充鱼毒，草紫苗鲜作夕供。最是儿童知采择，船头满载映山红。

牛郎花色黄，即羊踯躅，云羊食之中毒，或曰其根可以毒鱼。草紫即紫云英，苜蓿类，农夫多植以肥田，其嫩叶可瀹食。杜鹃花最多，遍山皆是，俗名映山红，小儿掇花瓣咀嚼之，有酸味可口。

甲之九　扫墓三

跳山扫墓比春游，岁岁乘肩不自由。喜得居然称长大，今年独自坐山兜。

跳山在会稽，即汉大吉摩崖石刻所在地。兜子轿为山行乘物，两竹杠间悬片板作座位，绳系木棍为踏镫，二人舁之，甚轻便。小儿出行，多骑佣人肩上，姜白石词，只有乘肩小女随，可知此风在南宋时已有之矣。

甲之十　书房一

书房小鬼忒顽皮，扫帚拖来当马骑。额角撞墙梅子大，挥鞭依旧笑嘻嘻。

甲之十一　书房二

带得茶壶上学堂，生书未熟水精光。后园往复无停趾，底事今朝小便长。

书房中当日所授读之书谓之生书。

甲之十二　立夏

新装扛秤好称人，却喜今年重几斤。吃过一株健脚笋，更加蹦跳有精神。

立夏日秤人，以防疰夏。是日以淡笋纳柴火中烧熟，去壳食尽一株，名曰健脚笋。

甲之十三　端午

端午须当吃五黄，枇杷石首得新尝。黄瓜好配黄梅子，更有雄黄烧酒香。

甲之十四　端午二

蒲剑艾旗忙半日，分来香袋与香球。雄黄额上书王字，喜听人称老虎头。

甲之十五　夏日食物一

早市离家二里遥，携篮赶上大云桥。今朝不吃麻花粥，荷叶包来茯苓糕。

苓俗语读作上声，但单呼茯苓时则又仍作平声读也。

甲之十六　夏日食物二

夕阳在树时加酉，泼水庭前作晚凉。板桌移来先吃饭，中间虾壳笋头汤。

甲之十七　蚊烟

薄暮蚊雷震耳聋，火攻不用用烟攻。脚炉提起团团走，烧着清香路路通。

水乡多蚊，白昼点长条之蚊虫药，黄昏则于铜火炉中燃茅草蚕豆壳或路路通发烟以祛之。小儿喜司其事，以长绳系于炉之提梁，挈之巡行各室。路路通即於杉树子，状如栗房而多孔，焚之微有香气。

甲之十八　瓜

买得乌皮香扑鼻，蒲瓜松脆亦堪夸。负他沙地殷勤意，难吃喷香呃杀瓜。

乌皮香者香瓜之一种，皮青黑，肉微作碧色，香味胜常瓜。蒲瓜柔脆多水分，但不甜耳。冷饭头瓜一名呃杀瓜，以其绵软，食之易噎，但可以饱，有如冷饭，沙地种瓜人常用作赠物。

甲之十九　夏日急雨

一霎狂风急雨催，太阳赶入黑云堆。窥窗小脸惊相问，可是夜叉扛海来。

夏日暴雨将至，风起云涌，天黑如墨，俗语辄曰夜叉扛海来。

甲之二十　苍蝇

瓜皮满地绿沉沉，桂树中庭有午荫。蹑足低头忙奔走，捉来几许活苍蝇。

甲之二一　菱

妇孺都知驼背白，雷门名物至今称。新鲜酒醉皆佳品，不及寻常煮大菱。

菱角通称大菱，驼背白为四角菱之一种，色青白而拱背，出雷门坂一带。

甲之二二　蟋蟀

啼彻檐头纺织娘，凉风乍起夜初长。关心蛐蛐阶前叫，明日携笼灌破墙。

甲之二三　中元

中元鬼节款精灵，莲叶莲华幻作灯。明日虽扔今日点，满街望去碧澄澄。

北方童谣，莲花灯，今儿点，明儿扔。

甲之二四　中秋

红烛高香供月华，如盘月饼配南瓜。虽然惯吃红绫饼，却爱神前素夹沙。

中秋夜祀月以素月饼，大者径尺许，与木盘等大。

【甲编附记】　儿童生活诗，实亦即是竹枝词，须有岁时及地方作背景，今就平生最熟习的民俗中取材，自多偏于越地，亦正是不得已也。

儿童杂事诗卷二（乙编·儿童故事诗廿四首）

乙之一　老子

当年李耳老而孩，奇事差堪比老莱。想见手持摇咕咚，白头卧地哭咳咳。

摇咕咚，玩具小鼗鼓也。咕咚读若骨栋，二十四孝图常画老莱子手持此鼓。

乙之二　晋惠帝

满野蛙声叫咯吱，累他郑重问官私。童心自有天真处，莫道官家便是痴。

案惠帝已非幼年，兹但取其孩气耳。

乙之三　赵伯公

小孩淘气平常有，唯独赵家最出奇。祖父肚脐种李子，几乎急杀老头儿。

《太平御览》引《笑林》，赵伯公体肥大，夏日醉卧，孙儿以李子纳其脐中，赵未之知，后汁出则大惊恐，谓肠烂将死，及李核出，乃始释然。

乙之四　陶渊明一

但觅栗梨殊可念，不好纸笔亦寻常。陶公出语慈祥甚，责子诗成进一觞。

黄山谷跋《责子》诗云，观靖节此诗，想见其人，慈祥戏谑可观也。

乙之五　陶渊明二

离家三月旋归去，三径如何便就荒。稚子候门倏不见，菊花丛里捉迷藏。

乙之六　杜子美一

杜陵野老有情痴，凄绝羌村一代诗。偶遂生还还复去，膝前何以慰娇儿。

子美《羌村》云，世乱遭飘荡，生还偶然遂。又其二云，娇儿不离膝，畏我却复去。

乙之七　杜子美二

诗人省识儿烦恼，痴女痴儿不去怀。稚子恒饥谁忍得，凄凉颜色迫人来。

《彭衙行》云，痴女饥咬我，啼畏虎狼闻。《百忧集行》云，痴儿未知父子礼，叫怒索饭啼门东。《狂夫》第三联云，恒饥稚子色凄凉。此在他人诗中，皆不能见到者也。

乙之八　杜子美三

乡间想无杂货店，稚子敲针作钓钩。但有直钩无倒刺，沙滩只好钓泥鳅。

案泥鳅本亦不易钓，姑趁韵耳。

乙之九　李太白

太白儿时不识月，当作一张白玉盘。无怪世人疑胡种，蒲萄美酒吃西餐。

太白《古朗月行》云，小时不识月，呼作白玉盘。今人或有以太白为胡人者。

乙之十　贺季真

故里归来转陌生，儿童好客竞相迎。乡音未改离家久，赢得旁人说拗声。

越人称外乡语皆曰拗声。

乙之十一　杜牧之

人生未老莫还乡，垂老还乡更断肠。试问共谁争岁月，儿童笑指鬓如霜。

未老莫还乡，韦庄词句也。牧之《归家》诗云，共谁争岁月，赢得鬓如丝。

乙之十二　陆放翁

阿哥写字如曲蟮，阿弟说话象黄莺。伢儿娇小嗔不得，涴壁同时复画窗。

放翁《喜小儿辈到行在》诗云，阿纲学书如蚓曲，阿绘学语莺啭木，画窗涴壁谁忍嗔，啼呼也复可怜人。杭州人称小儿曰伢儿，读音如国语芽字，浙中他处无此语，或是临安俗语之留遗耶？诗中第二句莺字当依俗音，读如国语盎平声。

乙之十三　姜白石

纵赏元宵逐队行，白头居士趁闲身。怜他小女乘肩看，双髻丫叉剧可人。

白石《观灯》词云，白头居士无呵殿，只有乘肩小女随。

乙之十四　辛稼轩

幼安豪气倾侪辈，却有闲情念小童。应是贪馋有同意，溪头呆看剥莲蓬。

稼轩词云，大儿锄豆溪东，中儿正织鸡笼，最喜小儿无赖，溪头看剥莲蓬。

乙之十五　王季重

买得泥人买纸鸡，兰陵面具手亲持。谑庵毕竟多情味，多买刀枪哄小儿。

王季重《游慧锡两山记》云，买泥人，买纸鸡，买兰陵面具，买小刀戟，以贻儿辈。

乙之十六　清顺治帝

挣得清华六品官，居然学士出寒门。胡雏亦自知风趣，画出骑驴傅状元。

清顺治幼年即位，为聊城傅以渐画《状元归去驴如飞图》。

乙之十七　翟晴江

不攻异端卫圣道，但嫌光顶着香疤。手携三尺齐眉棍，赶打游僧秃脑瓜。

翟晴江在塾时，率群儿追打游方僧。父责之，曰：恶其秃头耳。事见梁山舟所作传中。

乙之十八　高南阜

胶东名宿高南阜，文采风流自有真。写得小娃诗十首，左家情趣有传人。

乙之十九　郑板桥

门前排坐喜新晴，待泥家人说古今。独爱锄禾日当午，手分炒豆教歌吟。

板桥家书：以锄禾日当午二诗教小儿，于排坐吃炒豆时唱之。

乙之二十　陈授衣

绝爱诗人陈授衣，善言抛堶折花枝。泥婴面具寻常见，喜诵田家杂兴诗。

陈授衣诗见《韩江雅集》中。带得泥婴面具回，闵廉风句，亦是集中《田家杂兴》诗之一。

乙之二一　俞理初

最喜龟堂自教儿，本来严父止于慈。高风传述多天趣，正是人间好父师。

俞理初著有《陆放翁教子法》《严父母义》诸文，收在《癸巳存稿》中，戴醇士记其言行，见《习苦斋笔记》。

附一首

论人卓老有同志，说妒周婆多恕词。幸喜未逢张问达，不曾断送老头皮。

张问达即弹劾李卓吾之御史。案此诗不涉儿童事，附录于此。

乙之二二　王菉友

不教童蒙嚼木札，故将文字示幺儿。古今多少经生辈，惭愧乡宁学老师。

王菉友著有《教童子法》及《文字蒙求》，皆嘉孺子之事也。案王君为乡宁知县，此云学老师，误也，亦不复改作。

乙之二三　凯乐而

绝世天真爱丽思，梦中境界太离奇。红楼亦有聪明女，不见中原凯乐而。

《爱丽思漫游奇境记》，英国凯乐而著，赵元任译，用北京话，颇流畅。

乙之二四　萨洛延

一卷空灵写意诗，人间喜剧剧堪悲。街头冒险多忧乐，我爱童儿由利斯。

《人间的喜剧》，美国萨洛延著，有柳无垢译本，删去三分之一以上，可惜也。

【乙编附记】 丁亥大暑节后，中夜闻蛙声不寐，偶作晋惠帝一诗，后复就记忆所及，以文史中涉及小儿诸事为材，赓续损益，共得二十四章。左家娇女事，珠玉在前，未敢弄拙，虽颇自幸，亦殊以为憾事也。七月三十一日。

儿童故事诗本应多趣味，今所作乃殊为枯燥，甚觉辜负此题。有些悲哀的故事，如《特罗亚》之都君（赫克多耳之子，其名今用意译），十字军儿童队，孔文举二子，《水浒》之小衙内，《鸡肋编》之“和骨烂”，《曲洧旧闻》之因子巷等，常往来于胸中，而自信无此笔力与勇气，故亦不敢漫然涉笔，殊不能自辨为幸为憾也。九月廿八日校录后再记。

儿童杂事诗卷三（丙编·儿童生活诗补廿四首）

丙之一　花纸一

儿女英雄满壁排，摊头花纸费衡裁。大厨美女多娇媚，不及横张八大锤。

直幅美女图，用以贴衣厨门扇上者，名曰大厨美女。八大锤画戏装武士数人持锤，大小式样不一，多系横幅，男孩每喜购之。

丙之二　花纸二

老鼠今朝也做亲，灯笼火把闹盈门。新娘照例红衣裤，翘起胡须十许根。

老鼠成亲花纸，仪仗舆从悉如人间世。

丙之三　花纸三

滚灯身手好男儿，画出英雄气短时。莫笑闺中甘屈膝，陈风古有怕婆诗。

花纸有滚灯者，不详其本事，画作男子伏地，头顶烛台，女人着红抹胸戟手指麾。《诗经》中《彼泽之陂》一篇，牟默人说是陈人怕妇诗，见所著《诗切》中，故友饼斋谈及，诵"涕泗滂沱"及"有美一人，硕大且俨"语，辄相与绝倒。

丙之四　故事一

曼倩诙谐有嗣响，诺皋神异喜重听。大头天话更番说，最爱捕鱼十弟兄。

为儿童说故事，多奇诡荒唐，称曰大头天话，即今所谓童话也。十兄弟均奇人，有长脚阔嘴大眼等名，长脚入海捕鱼，阔嘴一尝而尽，大眼泣下，遂成洪水，乃悉被冲去云。

丙之五　故事二

老虎无端作外婆，大囡可奈阿三何。天教热雨从头降，拽下猴儿着地拖。

老虎外婆为最普通的童话，云老虎幻为外婆，潜入人家，小女为所啖，大女伪言如厕，登树逃匿。虎不能上，乃往召猴来，猴以绳索套着颈间，径上树去，女惶迫遗溺着猴头上，猴大呼热热，虎误听为拽，即拽索急走，及后停步审视则猴已被勒而死矣。俗呼猴子曰阿三。

丙之六　故事三

幻想山居亦大奇，相从赤豹与文狸。床头谈久浑忘睡，一任檐前拙鸟飞。

空想神异境界，互相告语，每至忘寝。儿童迟睡，大人辄警告之曰，拙鸟飞过了。谓过此不睡，将转成拙笨也。拙鸟是一种空想的怪鸟或只是鸟之拙者，故飞迟归晚，亦未可知，但味当时语气，则似以前说为近耳。

丙之七　歌谣一

夏夜星光特地明，儿歌啁哳剧堪听。爬墙蟛蚁寻常有，踏杀绵羊出事情。

儿歌《一颗星》最通行，前后趁韵接续而成，绝无情理，而转换迅速，深惬童心。末曰，蛲蚁会爬墙，踏杀两只大绵羊。末句有各种异说，此为其雅驯者也。

丙之八　歌谣二

阶前喜见火萤虫，拍手齐歌夜夜红。叶底点灯光碧绿，青灯有味此时同。

儿歌云：火萤虫，夜夜红。

丙之九　歌谣三

捉得蜗牛叫水牛，低吟尔汝意绸缪。上街买得烧羊肉，犄角先伸好出头。

北方儿歌：水牛，水牛，先出犄角后出头。又云：给你买的烧肝儿烧羊肉哙。角曰犄角，犄读如稽。

丙之十　玩具一

门前迎会闹哄哄，耍货年年式样同。买得纸鸡吹嘟嘟，木头斗虎竹蟠龙。

城中神佛按时出巡，俗称迎会，多有衔卖玩具者，率极质朴，以纸片泥土及鸡毛为鸡形，中有竹叫子，吹之有声，名曰吹嘟嘟，大抵只值一钱一个。

丙之十一　玩具二

南镇归来谒禹陵，金阶百步上层层。手持木碗长刀戟，大殿来听蝙蝠鸣。

南镇即会稽山神庙，有碑曰天南第一镇，春日香火极盛。禹庙殿陛甚高，有数十级，俗名百步金阶。仪门内两侧皆玩具摊，货木制盘碗刀枪。殿上多蝙蝠，昼夜鸣叫不息，或曰亦栖于禹像耳中，不知其审，想亦当有之也。

丙之十二　虫鸟一

蝴蝶黄蜂飞满园，南瓜如豆菜花繁。秋虫未见园林寂，深草丛中捉绿官。

绿官状如叫蝈蝈而小，色碧绿可爱，未曾闻其鸣声，儿童以为是络纬之儿，盖非其实也。

丙之十三　虫鸟二

辣茄蓬里听油蛉，小罩扪来掌上擎。瞥见长须红项颈，居然名贵过金铃。

油蛉状如金铃子而差狭长，色黑，鸣声瞿瞿，低细耐听，以须长颈赤者为良，云寿命更长，畜之者以明角为笼，丝线结络，寒天悬着衣襟内，可以经冬，但入春以后便难持久，或有养至清明节者，则绝无仅有矣。

丙之十四　虫鸟三

喜得尊称绩缲婆，灰黄衣着见调和。淡花摘得供朝食，妨碍南瓜结实多。

小儿呼络纬为绩缲婆婆，缲读如国音稼，多笼养之，捕南瓜等淡花为食料。

丙之十五　虫鸟四

风春雨碓乱纷飞，省识微虫叫蠁斯。揭起醋瓶群飞出，雅名学得是醯鸡。

蠁斯即蠛蠓也，亦以称醯鸡，陆农师《埤雅》已如此说，唯郝兰皋作《尔雅义疏》以为非是。

丙之十六　虫鸟五

姑恶飞鸣绕暮烟，春宵凄寂不成眠。童心不识欢情薄，听到啼声总可怜。

越系水乡，多姑恶鸟，夜中闻啼声甚凄婉。姑恶飞鸣绕暮烟，朱竹垞句。东风恶，欢情薄，见陆放翁《钗头凤》词。

丙之十七　鬼物一

山魈独脚疑残疾，罔两长躯俨阿呆。最怕桥头河水鬼，播钱游戏等人来。

溺鬼俗称河水鬼，云状如小儿，常群聚水边，掷钱为戏，小儿通常称为顿铜钱者是也。

丙之十八　鬼物二

目连大戏看连场，扮出强梁有五伤。小鬼鬼王都看厌，赏心只有活无常。

目连及大戏中演活无常均极滑稽之趣，即迎会时亦如此，故小儿甚喜之。

丙之十九　果饵一

荸荠甘蔗一筐盛，梅子樱桃赤间青。更有樱桃夸紫艳，输它娇美水红菱。

丙之二十　果饵二

嘉湖细点旧名驰，不及糕团快朵颐。艾饺印糕排满架，难忘最是炙麻糍。

印糕方形，上印彩粉文字，故名。捣糯米饭，中裹豆沙或芝麻白糖馅，捏为扁圆形，曰麻糍，于熬盘上炙食最佳，每个才值四文耳。

丙之二十一　果饵三

漫夸风物到江乡，蒸藕包来荷叶香。藕粥一瓯深紫色，略添甜味入饧糖。

红糖俗名饧糖，读若琴，市语则云台青。

丙之二十二　果饵四

儿曹应得念文长，解道敲锣卖夜糖。想见当年立门口，茄脯梅饼遍亲尝。

小儿所食圆糖名为夜糖，不知何意，徐青藤诗中已有之。以黑糖煮茄子，晾使半干，曰茄脯。梅饼如铜钱大而加厚，系以梅子煮熟，连核同甘草捣碎，范成圆饼，每个售制钱一文。

丙之二十三　果饵五

一盏盛来琥珀光，石花风味最清凉。新煎洋菜晶莹甚，独缺依稀海水香。

石花熟捶，拣去贝壳沙石，洗净煮汁，用井水镇使冰结，加糖醋食之，为夏日消暑佳品。唯不易消化，易致胃病，后乃以洋菜代之，更为纯良，而无复有海草香气，遂觉索然寡味矣。

丙之二十四　果饵六

居然尝药学神农，莫笑贪馋下苦功。玉竹香甜原好吃，更将甘草润喉咙。

药物中甘草之味人多知者，熟玉竹之肥壮者食之亦甚腴美，可当点心。

【丙编附记】　今春多雨，惊蛰以来，十日不得一日晴，日唯阅《说文》段氏注以消遣。偶应友人之属，录旧作《儿童杂事诗》，觉得尚可补充，因就生活诗部分酌量增加，日写数章，积得二十四首，定为丙编。旧日所写，多以岁时为准，今则以名物分类。此种材料尚极夥多，可以入录，唯写为韵语，虽是游戏之作，亦须兴会乃能成就。丁编以下，倘有机缘，当俟诸异日。三十七年三月二十日雨中记。

附录　代跋·儿童诗与补遗

东郭生著有儿童诗若干首，预备托《亦报》发表，抄了先给孺牛齐甘诸公一看，齐公觉得儿戏部分遗漏太多，开出一个单子来主张添补，孺牛则以为过年这时节还有许多事可记，特别有趣味的是看灯头，此外又举出一首儿歌云：

二十夜，连夜夜，点得红灯做绣鞋，绣鞋做起拜爷爷。

此歌本身很有诗意，遗漏了也的确是可惜。我也记起几首唐人的小诗，都可以补入儿童故事诗里。如云：

幼女才六岁，未知巧与拙，
向夜东堂前，学人拜新月。

×

小娃撑小艇，偷采白莲回，
未解藏踪迹，浮萍一道开。

×

牧童见客拜，山果怀中落，
昼日驱牛归，前溪风雨恶。

但是东郭生有他自己的辩解，他说做诗很苦，情动于中而形于言，永言嗟叹，以至手舞足蹈，有如擦火柴，必须发热到某程度，才会发出火焰来，可是这一来火柴也烧光了。古来诗人多苦吟，是很不卫生的事，我们看画像上刘随州柳柳州等都很瘦，李长吉贾浪仙更不必说了。好吃猪肉很胖很喜欢睡觉的韩退之他本是官僚，同样好吃猪肉的苏东坡也有点胖，他的诗算不算得怎么好，应当别论。儿童诗近于打油，可是打油并不一定容易，而且同样要有兴趣才行，不然也做不出来。没有诗情诗兴而硬要写，这情形似乎有点像吃春药。我便来折衷的说，有这些材料，用散文写下来也好，文化建设的高潮中，民俗学自然也占一个地位，这种资料都是必要的而且有价值的。

（十山《饭后随笔》之一）

题画五言绝句

一　梅花月季

月季发红萼，寒梅放冷香。不待东风至，春信满江乡。

丙戌年十月七日作，画上原题句云，闲来喜买燕支画，为约春风早日来。

二　芙蓉

灼灼芙蓉花，凌寒发红萼。徒有拒霜姿，临风自开落。

芙蓉一名拒霜花。

三　玉簪花

日暮草深深，谁遗白玉簪。补萝人不见，零落到如今。

此二首为丁亥年十一月廿一日作，诗稿中有书后云：咏物之作实是赋得体，弄文搬典，缴卷而已，如于其中寻求意义，则是痴人说梦，无有是处也。

四　篱边菊花

持醪叹靡由，秋华浸盈把。陶令不归来，寂寞东篱下。

十一月廿八日作。

五　梅花水仙

凄厉岁云暮，园林独馀情。翳翳经夕雪，寒花徒自荣。

集陶渊明句。

六　山水

户庭无尘杂，夏木独森疏。白日掩荆扉，时还读我书。

集陶渊明句。

七　山水桃柳

桃柳争妍日，扁舟泛水滨。采花归去晚，应是惜馀春。

画一女子乘小舟，舟中置桃花一枝，题字曰夏始春馀。戊子年三月六日作。

八　杜鹃花

坐对杜鹃花，心怀望帝鸟。何日归巴渝，绵绵思远道。

九　山水桃花

桃花夹两岸，数家自成村。借问拿舟者，莫是武陵源。

以下皆戊子年作，月日不详。

十　观瀑图

春时十日雨，横流满坑谷。山中有高人，拄杖看飞瀑。

十一　红梅

阔别西湖久，无憀独闭门。何人最相忆，红萼耿无言。

用姜白石词意。

十二　菊花下有鸡啄胡蝶

闲坐东篱下，独酌不成醉。回首看鸡虫，领略蒙庄意。

十三　雪景山水，老人坐窗下

习静归南山，坐对晴窗雪。却念长安人，灞桥还送别。

十四　雨景山水，一人张伞过桥，上方见寺塔

烟雨满空林，四山如泼墨。担簦过溪桥，径入云中宿。

十五　竹

竹箭何翛翛，占尽东南美。医俗不惜身，化作宣州纸。

十六　榴花枇杷

榴花红似火，枇杷黄胜金。不见汨罗叟，何处漫行吟。

十七　梅花橘子

塞向谋卒岁，窗前梅正开。更喜新橘熟，累累如芋魁。

十八　松石上有老人扶杖行

策杖漫登高，独行何踽踽。恰将木石奇，映出须眉古。

十九　中央大学园中六朝松

苍松不解语，兀立台城下。六代兴亡事，凭君告来者。

二十　墨菊傍有棘枝

何时去东篱，寂寞伍荆棘。傲霜徒自荣，黯然无颜色。

二一　山水

松声杂泉声，飒飒如风雨。月光何清冷，照见须麋古。

画系写“松间明月经霜白，石上清泉得雨新”句意，画作松林中有流泉，老人科头席地而坐。

二二　山水

秋色满大地，探幽到水限。扁舟人独坐，不为羡鱼来。

二三　藤花

醉卧藤阴下，了不知南北。却羡秦太虚，新词梦中得。

二四　菊花

秋菊有佳色，篱边徒自荣。独惭蒿艾辈，废疾起苍生。

二五　绿梅

篱角月黄昏，无言倚修竹。微风动环珮，幽恨寄蛾绿。

二六　菊花

待饮重阳酒，团圞愿未违。菊花开正好，须插满头归。

二七　杜鹃花

寂寞攒宫道，冬青摇晚风。山花不解事，独自映山红。

二八　孔令奇画女子抱琵琶图

美人抱琵琶，低回不忍弹。含情视日影，秋意上阑干。

调弦时一弄，苍凉塞外声。无由寄幽怨，胡语不分明。

二九　前题

学得弹琵琶，随喜作胡语。试着小蛮靴，宛转鲜卑舞。

可怜汉家女，颜色无伦比。留作南朝人，莫向阴山去。

三十　山水

柳绿复桃红，春光满乡里。山中有幽人，独坐看流水。

山色如泼墨，滃郁含云气。速棹扁舟回，莫待风雨至。

登楼望山气，秋色何佳哉。时光如落叶，片片迫人来。

四山多霜叶，红于二月花。惜无好事人，薄暮坐停车。

【增补】

孤舟冒烟雨，危坐把钓竿。霜叶红于花，寂寞无人看。改作。

三一　月下游鱼图

千里共明月，世事有荣衰。江湖固足乐，宁忘濡沫时。

鱼不识月圆，月岂知鱼乐。相对两相忘，达生庶可托。此系代人作。

三二　代人题绿梅

丰姿傲冰雪，颜色欺春草。致意看花人，为报韶光好。

三三　山水

积雪满山野，太空何冥冥。持此卜丰年，老农喜且惊。

山居可避俗，恍在红尘外。拄杖过溪桥，晚风吹衣带。

三四　又

松风如浪涛，霜叶红似火。山中习静人，南窗还独坐。

三五　又

桃红复柳绿，山水有清晖。看看春将尽，王孙归未归。

三六　山水人物

何处听黄鹂，双柑并斗酒。杖策且徐行，记取青青柳。

小坐青桐下，芙蕖自在香。身闲更地静，心里自清凉。

松下弹古琴，莫惜无人听。小僮倚石眠，一觉未曾醒。

骑驴寻梅去，领略一枝春。独叹寒意重，花瘦似高人。

三七　又

夏木何阴阴，山村如入睡。何处黄鹂声，无端添诗思。

三八　书一函，旁燃残烛，有猫鼠各一

检书人何在，红烛摇残影。虚白满四壁，照见寒夜永。

鼠子出窥人，椒目何炯炯。回头见狸奴，奔跳上藻井。

三九　鸡冠花

秋色满大地，故园在何许。十里荒鸡声，芜城差可赋。

戊子年十二月廿九日作。

四十　花鸟

何来双鸳鸯，宛在水中沚。夭桃正作华，浓艳兴之子。

己丑年一月十九日作。

翠鸟戏水上，有似采莲女。莲叶何田田，游鱼庶得所。

灿烂牵牛花，比作朝颜好。双鸟相和鸣，独怨秋风早。

乍闻木犀香，倏忽已中秋。枝头鸣好鸟，相对亦白头。

四一　又

应是春常在，花开满药栏。白头相对坐，浑似雾中看。

三月十九日在上海，为唐令渊题所作画，其一为月季花与白头翁。

花好在一时，富贵那可恃。且听荒鸡鸣，抚剑中宵起。

其二为牡丹与鸡。

紫云满溪头，了不知南北。却念秦少游，应羡双㶉鶒。

其三为藤花与㶉鶒。

寒华正自荣，家禽相向语。似告三径翁，如何不归去。

其四为野菊与鸡。

木兰发白华，黄鸟如团絮。相将送春归，惆怅不得语。

其五为木兰与芙蓉鸟。

杂诗题记

我于前清光绪甲午（一八九四）年进寿氏三味书屋读书，傍晚讲唐诗以代对课，为读旧诗之始。辛丑（一九〇一）以后在南京水师学堂，不知从何时起学写古诗，今只记得有写会稽东湖景色者数语，如云：

岩鸽翻晚风，池鱼跃清响。

又云：

潇潇几日雨，开落白芙蓉。

此盖系暂任东湖学堂教课，寄住湖上时所作，当是甲辰（一九〇四）年事。昔有稿本，题曰《秋草闲吟》，前有小序，系乙巳年作，今尚存，唯诗句悉已忘却，但记有除夕作，中有云：

既不为大椿，便应如朝菌。

一死息群生，何处问灵蠢。

又七绝末二句云：

独向龟山望松柏，夜乌啼上最高枝。

龟山在故乡南门外，先君殡屋所在地也。丙午（一九〇六）年由江南督练公所派遣日本留学，至辛亥归国，此六年未曾着笔，唯在刘申叔所办之《天义报》上登过三首，其词云：

为欲求新生，辛苦此奔走。
学得调羹汤，归来作新妇。

×

不读宛委书，却织鸳鸯锦。
织锦长一丈，春华此中尽。

×

出门怀大愿，竟事不一映。
款款坠庸轨，芳徽永断绝。

此盖讽刺当时女学生之多专习工艺家政者，诗虽是拟古，实乃已是打油诗的精神矣。

民国二年（一九一三）范爱农君以愤世自沉于越中，曾作一诗挽之，现在已不记得，虽曾录入记范爱农的一篇小文中。六年（一九一七）至北京，改作白话诗，多登在《新青年》及《每周评论》上面，大概以八年中所作为最多，十年秋间在西山碧云寺养病，也还写了些，都收集在《过去的生命》一卷中，后来因为觉得写不好，所以就不再写了。这之后偶然写作打油诗，不知始于何时，大约是二十年（一九三一）

前后吧。因为那时曾经于无花果枯叶上写二十字，寄给在巴黎的友人，诗云：

寄君一片叶，认取深秋色。

留得到明年，唯恐不相识。

这里有本事，大意暗示给他恋爱的变动，和我本是无关也。又写给杜逢辰君的那一首《偃息禅堂中》的诗，也是二十年一月所作。但是真正的打油诗，恐怕要从二十三年的“请到寒斋吃苦茶”那两首算起吧。这以后做了不少，其稍重要的曾录出二十四首，收入《苦茶庵打油诗》那篇杂文中。关于打油诗其时有些说明，现在可以抄录一部分在这里：

> 我自称打油诗，表示不敢以旧诗自居，自然更不敢称是诗人，同样的我看自己的白话诗也不算是新诗，只是别一种形式的文章，表现当时的情意，与普通散文没有什么不同。因此名称虽是打油诗，内容却并不是游戏，文字似乎诙谐，意思原甚正经，这正如寒山子的诗，它是一种通俗的偈，用意本与许多造作伽陀的尊者别无殊异，只在形式上所用乃是别一手法耳。

这回所收录的共有二百几十首，比较的多了，名称则曰杂诗，不再叫作打油了，因为无论怎样说明，世间对于打油诗终不免仍有误解，以为这总是说浑话的，它的过去历史太长了，人家对于它的观念一时改不过来，这也是没法的事。反正我所写的原不是道地的打油，对于打油的名字也并不真是衷心爱好，一定非用不可，当初所以用这名称，本是一种方便，意在与正宗的旧诗表示区别，又带一点幽默的客气而已，后来觉得不大合适，自可随时放弃，改换一个新的名号。我称之曰杂诗，意思是与从前解说杂文时一样，这种诗的特色是杂，文字杂，思想杂。第一它不是旧诗，而略有字数韵脚的拘束，第二也并非白话诗，而仍有随意说话的自由，实在似乎是所谓“三脚猫”，所以没有别的适当的名目。说到自由，自然无过于白话诗了，但是没有了韵脚的限制，这便与散文很容易相混至少也总相近，结果是形式说是诗而效力仍等于散文。这是我个人的经验，固然由于无能力之故，但总之白话诗之写不好在自己是确实明白的了。白话诗的难做的地方，我无法去补救，回过来说旧诗，把它难做的地方给毁掉了，虽然有点近于削足适屦，但是这还可以使用得，即是以前所谓打油诗，现在称为杂诗的这物事。因为文字杂，用韵亦只照语音，上去亦不区分，用语也很随便，只要在篇中相称，什么俚语都不妨事，反正这不是传统的正宗旧诗，不能再用旧标准来加以批评。因为思想杂，并不一定照古来的几种轨范，如忠爱、隐逸、风怀、牢骚那样去做，要说什么便什么都可以说，但是忧生悯乱，中国诗人最古的那一路思想，却还是其主流之一，在这里极新的又与极旧的碰在一起了。正如杂文比较的容易写一样，我觉得这种杂诗比旧诗固然不必说，就是比白话诗也更为好写。有时候感到一种意思，想把它写下去，可是用散文不相宜，因为事情太简单，或者情意太显露，写在文章里便一览无馀，直截少味，白话诗呢又写不好，如上文所说，末了大抵拿杂诗来应用，此只出于个人的方便，本来不足为训，这里只是说明理由事实而已，原无主张的意思，自然更说不上是广告也。我所做的这种杂诗在体裁上只有两类，以前作七言绝句，仿佛是牛山志明和尚的同志，后来又写五言古诗，可以随意多少说话，觉得更为适用，则又似寒山子的一派了。可是事实上并不如此，他们更近于偈，我的还近于诗，未能多分解放，只是用意的诚实则是相同，不过一边在宣扬佛法，一边乃只是陈述凡人之私见而已。诸诗都是聊寄一时的感兴，未经什么修改，自己觉得满意的很少，但也有一二篇写得还好，有如《岁暮杂诗》中之《挑担》一首，似乎表示得恰切，假如用散文或白话诗便不能说得那么好，或者简直没法子说，不过这里总多少有些隐曲，有的人未必能一目了然，但如说明又犯了俗的病，所以只能那样就算了。又如《丙戌岁暮》末尾云：

行当濯手足，山中习符水。

《暑中杂诗》中《黑色花》云：

我未习咒法，红衣师喇嘛。

又《修禊》一首末云：

恨非天师徒，未曾习符偈。

不然作禹步，撒水修禊事。

这些我都觉得写得不错。同诗中述南宋山东义民吃人腊往临安，有两句云：

犹幸制熏腊，咀嚼化正气。

这可以算是打油诗中之最高境界，自己也觉得仿佛是神来之笔，如用别的韵语形式去写，便决不能有此力量，倘想以散文表出之，则又所万万不能者也。关于人腊的事，我从前说及了几回，可是没有一次能这样的说得决绝明快，杂诗的本领可以说即在这里，即此也可以表明它之自有用处了。我前曾说过，平常喜欢和淡的文字思想，但有时亦嗜极辛辣的，有掐臂见血的痛感，此即为我喜那“英国狂生”斯威夫德之一理由，上文的发想，或者非意识的由其《育婴刍议》中得来亦未可知，唯索解人殊不易得，昔日鲁迅在时最能知此意，今不知尚有何人耳。

《花牌楼》一题三章，后记中已说明是用意之作，唯又如在《往昔》后记中所云：

情动于中而形于言，咏叹淫泆，乃成为诗，而人间至情，凡大哀极乐，难写其百一，古人尚尔，况在鄙人，深恐此事一说便俗，非唯不能，抑亦以为不可者也。

这三首诗多少与上文所说有所抵触，但是很悭的写下去，又是五十年前的往事，勉强可以写成那么一点东西，也就是不很容易了。有些感怀之作，如《中元》及《茶食》《鲁酒薄》等，与《往昔》中之《东郭门》《玩具》与《炙糕担》是一类，杂文中亦曾有《耍货》《卖糖》等篇，琐屑的写民间风俗，儿童生活，比较的易作，也就不大会得怎么不成功。此外又有几篇，如《往昔》五续中之《性心理》，《暑中杂诗》之《女人国》《红楼梦》以及《水神》，凡与妇女有些相关的题目，都不能说得很清楚，盖如《岁暮杂诗》之《童话》一篇中所云：

染指女人论，下笔语枝离。

隐曲不尽意，时地非其宜。

昔时写杂文，自《沟沿通信》以来，向有此感慨，今在韵文中亦复如此，正如孟德斯鸠所言，帝力之大有如吾力之为微矣。

但是这问题虽是难，却还是值得而且在现今中国也是正应当努力的。杂诗的形式虽然稍旧，但其思想应具有大部分新的分子，这才够得上说杂，而且要稍稍调理，走往向前的方向，有的旧分子若是方向相背，则是纷乱而非杂，所以在杂的中间没有位置，而是应当简单的除外的。直截的说，凡是以三纲为基本的思想在现今中国都须清算，写诗的人就诗言诗，在他的文字思想上至少总不当再有这些痕迹，虽然清算并不限于文字之末，但有知识的人总之应首先努力，在这一点上与旧诗人有最大的区别。中国古来帝王之专制原以家长的权威为其基本，家长在亚利安语义云主父，盖合君父而为一者也。民为子女，臣则妾妇，不特佞幸之侍其君为妾妇之道，即殉节之义亦出于女人的单面道德，时至民国，此等思想本早应改革矣。但事实上则国犹是也，民亦犹是也，与四十年前固无以异，即并世贤达，能脱去三纲或男子中心思想者又有几人。今世竞言民主，但如道德观念不改变，则如沙上建屋，徒劳无功，而当世倾向，乃正是背道而驰，漆黑之感，如何可言。虽然，求光明乃是生物之本性，谓光明终竟无望，则亦不敢信也。鄙人本为神灭论者，又尝自附于唯理主义，生平无宗教信仰之可言；唯深信根据生物学的证据，可以求得正当的人生观及生活的轨则，三十年来此意未有变更。《暑中杂诗》之《刘继庄》一首中有四句云：

生活即天理，今古无乖违。

投身众流中，生命乃无涯。

此种近于虚玄的话在我大概还是初次所说，但其实这也还是根据生物的原则来的，并不是新想到的意思。我的意思是看重殉道或殉情的人，却很反对所谓殉节以及相关的一切思想，这也即是我的心中所常在的一种忧惧，其常出现于文诗上正是自然也是当然的事。这几篇不成其为诗的杂诗，文字既旧，其中也别无什么新的感想，原不值得这样去说明议论它，现在录为一编，无非敝帚自珍之意罢了，上边的这些话也就只是备忘录的性质，俗语云，好记性不如烂笔头，此之谓也。

三十六年九月二十日，知堂自记。

十二月八日大雪节重录迄。

一九四七年九月二十日，知堂自记。

【增补】炮局杂诗

一

布衾米饭粗温饱，木屋安眠亦快然。多谢公家费钱谷，铁窗风味似当年。

怀四十年前南京学堂生活。

二

卖却虎皮吃冷饭，当时豪气未全消。莫将原子平天下，珍重馀年好看潮。

赠文元模范村。

三

青帽蓝衣十九时，代耶入狱复何词。荧荧双眼含悲愤，国事前途未可知。

记于善述之子。

四

七十老翁坐不起，笑啖榅桲与芙蓉。夜半溺床复悲啸，南冠相对但书空。

王叔鲁事。芙蓉者，阿芙蓉也。

五

一夜寒灯十首诗，苦中作乐有谁知。而今木屋飕飕冷，正是无忧无虑时。

王叔鲁入狱二十日而卒，一夜寒灯云云为其绝笔诗中语，又曾作谐诗，有木屋冷飕飕，及铁窗风味好，尝过总无忧之句。

六

宽袍据案如南面，大嚼囚粮味有馀。却忆学堂抢饭吃，一汤四菜霎时无。

记某氏事（许修直）。

七

敬天仿佛依儒教，建塔还应出释家。毕竟至心皈素女，逢人艳说紫河车。

记白坚坚甫事。

八

安清道友夙知名，娓娓清谈亦有情。莫怪成心不肯死，要看潮落复潮生。

张璧玉衡为青帮长辈。

九

生平未入研究室，先进监房卧地铺。夜起有时面壁坐，一丝烦恼未消除。

胡适之云，学者应出研究室入监狱，出监狱入研究室。

十

半生教读成何事，门下关弓大有人。何意狱中开讲肆，黄衣校尉作门生。

队长熊扬武嘱为讲书。

十一

夜半唤吃水饺子，狱里过年亦大奇。五十年来无此事，难忘白酒与青梨。

旧除夕熊扬武刘景云招吃饺子。

十二

象棋下毕诗条罢，挂出灯谜兴未赊。硬扯诗经与尔雅，漫将桃叶配桐华。

除夕戏作灯谜，隐同室人名，如刘宗纪云汉诸王世家，荣臻云桐华桃叶，许修直云批准改正太平仓电车道，孙润宇云齐天大圣修庙，已涉游戏，白坚云监房里讲采补，则谑而虐矣。丙戌七月在南京老虎桥，与韦乃纶有徽续作若干则，以有甚于画眉者隐文元模，梨花格读如丈夫摸为最佳，但亦未免唐突绅士耳。

十三

高楼曾见摩登女，四十年来迹已陈。昼梦荒唐时复遇，娇容憨笑认难真。

三十四年十二月幽居北平炮局胡同，偶作打油诗，得二十四章，迄未写出，荏苒半载，大半遗忘，勉强补缀，存其半数。三十五年七月八日，记于南京。

附录：自寿诗两章

所谓五十自寿打油诗

其一　一九三四年一月十三日

前世出家今在家，不将袍子换袈裟。街头终日听谈鬼，窗下通年学画蛇。老去无端玩骨董，闲来随分种胡麻。旁人若问其中意，请到寒斋吃苦茶。

其二　一九三四年一月十五日

半是儒家半释家，光头更不着袈裟。中年意趣窗前草，外道生涯洞里蛇。徒羡低头咬大蒜，未妨拍桌拾芝麻。谈狐说鬼寻常事，只欠工夫吃讲茶。

锺按：关于这两首诗，周作人在《知堂回想录》

一七三《打油诗》中有一段说明：

《二十三年一月十三日偶作牛山体》，这是我那时所做的打油诗的题目。我说牛山体乃是指志明和尚的《牛山四十屁》，因为他做的是七言绝句，与寒山的五古不同，所以这样说了。这是七言律诗，实在又与牛山原作不一样，姑且当作打油诗的别名。过了两天，又用原韵做了一首，那时林语堂正在上海编辑《人间世》半月刊，我便抄了寄给他看，他给我加了一个《知堂五十自寿诗》的题目，在报上登了出来，其实本来不是什么自寿，也并没有自寿的意思的。

又说：

《五十自寿诗》在《人间世》上发表之后，便招来许多的批评攻击。林语堂赶紧写文章辩护，说什么寄沉痛于悠闲，这其实是没有什么可辩护的，本来是打油诗，乃是不登大雅之堂的东西，挨骂正是当然。批评最为适当的，乃是鲁迅的两封信，在《鲁迅书简》发表以后这才看见，是四五月间寄给曹聚仁和杨霁云的，今将给曹聚仁的一封，再抄录一次在这里，日期是一九三四年四月三十日："周作人自寿诗，诚有讽世之意，然此种微词，已为今之青年所不憭，群公相和则多近于肉麻，于是火上添油，遽成众矢之的，而不作此等攻击文字，此外近日亦无可言。此亦古已有之，文人美女必负亡国之责，近似亦有人觉国之将亡，已在卸责于清流或舆论矣。”

又按：关于“请到寒斋吃苦茶”，周作人一九六五年十二月廿八日致香港鲍耀明信中说：

打油诗本来不足深求，只是末句本来有个故典，而中国人大抵不懂得，因为这是出在漱石之《猫》里面，恐怕在卷下吧，苦沙弥得到从巢鸭风人院里的“天道公平”来信，大为佩服，其末尾一句，则为“御茶でもあがれ”，此即是请到寒斋吃苦茶的原典也。

八十自寿诗

八十自嘲诗　一九六四年三月六日

可笑老翁垂八十，行为端的似童痴。[①]剧怜独脚思山父，[②]幻作青毡羡野狸。[③]对话有时装鬼脸，[④]谐谈犹喜撒胡荽。[⑤]低头只顾贪游戏，忘却斜阳上土堆。

去年一月，予年八十矣，三月六日，独酌径醉，辄写八句，敢云自寿，聊以自嘲而已。

【注】

①仿放翁作《七十书适诗》。

②日本传说有山父，一目独足，能知人意。

③老狸能幻化屋宇容八叠云。

④近译希腊路吉阿诺斯对话，中多讽刺诙谐之作，已成二十篇，凡四十馀万言。

⑤古时出语不端谨，宋时人称为撒园荽。

八十自寿诗说明　一九六四年三月八日

此诗系仿陆放翁《书适》诗而作，首二句即袭用其语。山父与狸均为日本民俗学中事物。山父乃山魈之属，一目独足，能知人意。有箍桶匠冬日在屋外工作，忽见山父站在面前，大惊心想这得非山父耶，山父即知之，曰你想这莫非山父么？又想能知心中事这就糟了，山父又亦即知道了，照样说了出来。其人窘甚不知所措，此时手中所持箍桶的竹片因手僵滑脱，正打在山父的脸上，山父乃大骇曰，心里没有想却会干出来，人这东西真是危险，如在此地说不定要吃怎样的亏，赶快的逃回山中去了。老狸能幻化屋宇，广容八席，色甚青新，或有食淡巴菰者遗烟蒂其上，乃忽喷喷作声遽尔消灭，云此乃其肾囊伸张所幻化也。

近译希腊路吉阿诺斯（Loukianos）对话，中多讽刺诙谐之作，甚有趣味。出语不端谨，古时称撒园荽，因俗信播芫荽时须口作猥亵语，种始繁衍云。

前作所谓自寿诗，甚招来各方抨击，自讨苦吃，今已多吃了一万天的茶饭，经验较多，岂敢再蹈覆辙乎？偶因酒醉，胆大气粗，胡诌一首，但不发表好了，录示二三友人，聊作纪念。末联亦是实话，玩要过日，不知老之已至，无暇汲汲顾影也。

一九六四年三月八日，知堂。

跋

郑子瑜

现代留日中国四大作家（鲁迅、周作人兄弟，郁达夫和郭沫若），都是新文学运动的健将，但同时也都是旧体诗的能手，不论他们是有意无意地吟哦酬唱，留下五个字或七个字的诗句来，或者是有心借这种旧形式来抒发自己的思想与感情，总之，他们或多或少都曾写下了一些旧体诗。

这些新文人所作的旧体诗，在他们的全部作品中所占的分量，都是微不足道的。但因为这四大作家在中国新文学史上都是极其重要的人物，只要是出自他们笔下的东西，即使是旧诗也好，也都有编集成书以供后人研究的必要。现在，鲁迅、郁达夫、郭沫若的旧诗集都出版了。至于这位现身中国文坛达六十馀年之久的周作人，他的旧诗，我也一直想能编辑成集，与读者相见。

我们整理和出版新文人的旧诗集原没有提倡写旧

诗的意思。因为旧诗这事物偶一为之，未尝不可，但却不必特别提倡。周作人在他的《论人境庐诗草》（原载《逸经》半月刊，后收入拙编《人境庐丛考》，商务印书馆出版）一文中也说：“我觉得旧诗是没有新生命的，它是已经长成了的东西，自有它的姿色与性情，虽然不能尽一切的美，但其自己的美可以说是大抵完成了。旧诗里大有佳作，我也是承认的，我们可以赏识以至礼赞，却是不必想去班门弄斧。”而其实，周氏所作旧体诗，在上述四大作家之中，却是分量较多的一个。一九五八年一月我曾写信给周氏，问他可否将生平所作的旧诗寄示，或者可以代为设法出版。然而周氏很客气，说他所写的不知能否算是诗；待到我将本意告诉他之后，他终于把他的诗稿寄下了，那便是这部诗集，原名《老虎桥杂诗》。

《老虎桥杂诗》收《往昔》及《丙戌丁亥杂诗》各三十首，《儿童杂事诗》七十二首，前者是五言古体诗，后者是七言的绝句，都是一九四六、四七年间在南京狱中的作品。《往昔》多写古今闻人学者史地杂事，人自古史中之神农，《论语》中之长沮、桀溺，以至范蠡、王充、李白、苏轼、陆游，他如幼时在会稽所居之东郭门，所爱之河与桥，甚至玩具与炙糕担，所借以行之夜航船，所务究心的神话与性心理，等等，都有其自己的意见。《丙戌丁亥杂诗》所写则尤杂，除《李长吉》《刘继庄》《伯牙》《袁随园》四题续写人物外，有《打油》《童话》《读书》《笑话》《大寒》《梅子》《文字》《丙戌岁暮》《鬼夜哭》《中山狼》《西游记》《红楼梦》《牛女》《笑林》《花牌楼》《秋虫》《中元》《水神》《白蛇传》《秋老虎》《茶食》《修禊》《梧桐》《鲁酒薄》等篇。其中有写绍兴风俗的，如《上元》与《往昔》中之《东郭门》《河与桥》《夜航船》等是；有写周氏家世的，如《花牌楼》三首是。凡是这些，都能帮助我们了解鲁迅和周作人兄弟的儿童生活和家世。

后来周氏又陆续寄给我《所谓五十自寿打油诗》二首，《苦茶庵打油诗》二十四首，《苦茶庵打油诗补遗》二十首，《题画诗》五十九首以及《老虎桥杂诗补遗》十三首（是一九三四至一九四九年间的作品），吩咐我将这些诗篇和前此寄下的《往昔》《丙戌丁亥杂诗》《儿童杂事诗》等合编为一集，改名为《知堂杂诗抄》。

《知堂杂诗抄》所收的杂事诗，计约二百馀首，多数是在中日战争中及战后所作的。不幸得很，周氏在抗战时期与日本侵略者合作，这是他生平最大的失策。可是我们如果要研究他的思想行谊，要知道他在战时写了些什么诗篇，有些什么样的感慨；战后在南京老虎桥狱中，闲中无事，自己觉得怎样的悔恨，怎样的心仪古人，以及在怎样的心情之下回忆故乡及儿时生活，这些诗篇却又是不可缺少的研究资料。一九四七年，周氏在南京狱中所作的《老虎桥杂诗题记》有云："我称之曰杂诗，意思是与从前解说杂文时一样，这种诗的特色是杂，文字杂，思想杂。第一它不是旧诗，而略有字数韵脚的拘束，第二也并非白话诗，而仍有随意说话的自由，实在似乎是所谓'三脚猫'，所以没有别的适当的名目。"在这篇《题记》里，周氏说他于前清光绪甲午（一八九四）年进三味书屋读书（案鲁迅于前一年进此书屋读书），傍晚讲唐诗以代对课，为读旧诗之始。辛丑（一九〇一）以后在南京水师学堂，不知从何时起学写古诗，今只记得一些断片罢了。

一九六一年，周氏又写了《知堂杂诗抄序》寄给我，文中说他在丙午（一九〇六）即前往日本留学的那一年春天，曾把自己童年所作的旧诗编为一帙，取名《秋草闲吟》，并写了一篇序文。后来《秋草闲吟》没有出版，那诗稿也就散失了，只有在他的旧日记里还可以找到一些，例如步原韵和鲁迅《别诸弟》三首便是。又说："这里的《杂诗抄》和那《秋草闲吟》是两个时期的作品，后者是二十二岁（案即赴日本留学的那一年）以前所作，虽然很是幼稚浅陋，但的确是当作诗去做的，可是做不好，这是才力所限，是没法的事；前者则原来是打油诗，从那所谓《五十自寿》的两首歪诗起头，便是五十岁以后的事情了。”自二十二岁（一九〇六年）至五十岁（一九三四年）之间，周氏没有写或者很少写作旧体诗，而二十二岁以前所作的旧体诗，又多已散失，如要钩沉辑佚，确是很费事的事。

周作人原是五四新文学运动的健将，他的新诗《小河》，曾被誉为新文学运动以来最佳的诗作之一，对于中国新诗坛，也曾起了一定程度的影响。可是后来他对于新诗的效力渐渐起了怀疑，五十以后，更直截了当地做他的旧体的杂事诗了。关于这一点，他在《题记》里曾有详细的说明：

说到自由，自然无过于白话诗了，但是没有了韵脚的限制，这便与散文很容易相混至少也总相近，结果是形式说是诗而效力仍等于散文。这是我个人的经验，固然由于无能力之故，但总之白话诗之写不好在自己是确实明白的了。白话诗的难做的地方，我无法去补救，回过来说旧诗，把它难做的地方给毁掉了，虽然有点近于削足适屦，但是这还可以使用得，即是以前所谓打油诗，现今称为杂诗的这物事。因为文字杂，用韵亦只照语音，上去亦不区分，用语也很随便，只要在篇中相称，什么俚语都不妨事，反正这不是传统的正宗旧诗，不能再用旧标准来加以批评。因为思想杂，并不一定照古来的几种轨范，如忠爱、隐逸、风怀、牢骚那样去做，要说什么便什么都可以说，但是忧生悯乱，中国诗人最古的那一路思想，却还是其主流之一，在这里极新的又与极旧的碰在一起了。正如杂文比较的容易写一样，我觉得这种杂诗比旧诗固然不必说，就是比白话诗也更为好写。有时候感到一种意思，想把它写下去，可是用散文不相宜，因为事情太简单，或者情意太显露，写在文章里便一览无馀，直截少味，白话诗呢又写不好，如上文所说，末了大抵拿杂诗来应用，此只出于个人的方便，本来不足为训，这里只是说明理由事实而已，原无主张的意思，自然更说不上是广告也。

周氏不再写白话诗而改写文言的杂诗，除了他自己所说技巧上的理由之外，还有思想上转变的原因在。

本书所收的杂事诗，除了一部分《儿童杂事诗》曾于一九五〇年在上海《亦报》发表之外，大都是周作人直接寄我的原稿，是世间还没有人看见过的原始资料。三十馀年前有一位英国的学者 David Pollard（现任伦敦大学教授）到美国加利福尼亚州的史丹福大学（Stanford University，California）去写《周作人研究》的博士论文，风闻我手头有周氏尚未发表的诗篇，不远千里的来信求借，我因为没有得到周氏的同意，也只能将已发表的一部分《儿童杂事诗》寄给他去参考。我受周氏的付托，为他保存这些世人罕觏的文学史料，自知责任重大。姑不论周氏在抗日战争中做过什么不应该做的事，人们若要了解一位“五四健将”变为“可笑老翁”（周氏《八十自寿诗》语）之后的感慨，以及他进“老虎桥”以后的心情，这些诗篇都是最好最真实的素材。所以，经过多年的考虑又考虑之后，我决定将它们公之于世，希望读者借此可以窥见周氏一路来的思想行谊、文学主张、社会观点、人生态度、哲学意蕴和韵语技巧，所谓读其诗，论其人，自有其意义在，总不至于被误会的吧。

我和周氏没有任何的渊源，只是半世纪以前同在《逸经》半月刊写稿，又因彼此都嗜好黄遵宪的《人境庐诗》，也就相识了。我所觉得惭愧的，是自从一九五八年周氏将他的诗稿寄给我，到现在已有二十七个年头了，可是机缘不曾成熟，这部《知堂杂诗抄》也就一直不能出版，实在有负于周氏的祈望。现在总算找到了出版处，在我也就如释重负了。

一九八五年八月十七日写于香港。

一九八六年六月十九日修改。

【附记】 周氏杂诗抄有自序两篇。前序写于一九六〇年一月二十八日，那时香港朱省斋先生说要将杂诗抄介绍新地出版社出版，后来并未出版，却遗失了一部分，幸好我早已请人全部抄录，才保存了全稿。后序写于一九六一年四月二十日，这时他已把诗集的名字由《老虎桥杂诗》改为《知堂杂诗抄》，并且将出版的事情完全付托给我了。可是我当时由于种种的考虑，或者也可说如周氏序文所云，“机缘尚未成熟”，所以没有也不能尽早将其付梓。今年六月，陈子善先生告诉我，岳麓书社的锺叔河先生正在搜集周氏的旧体诗，希望不久可以出版，我看机缘已经成熟了，便将写本寄给陈君转交锺氏。锺氏为细心校正写本，又索取原稿，联系制版，香港卢伟銮小姐则热心提供丰子恺为《儿童杂事诗》所作插图，这都是值得提及的。

我对周氏及其杂事诗的评价，已在拙著《论周氏兄弟的杂事诗》一文中表达了。我曾将这篇小论文寄给锺叔河先生，希望能附刊于书后，以表明我的态度。但锺氏以此文原系一九六二年我在日本中央大学的演讲辞，翌年曾收入拙著《东京习讲录》中，一九七八年又收入拙著《诗论与诗纪》（香港中华书局），一九八三年再次收入《文艺论丛》第十七辑（上海文艺出版社），已为海内外读者所熟悉，遂建议抽去了。

一九八六年十一月十二日，郑子瑜识于香港。

外编

陈子善　辑

外编辑录周作人所作旧体诗词（含集句）和对联，凡为《知堂杂诗抄》所未收者，概予收录，目的在于保存文史资料，容有阙漏，拾遗补阙，知者助之。

诗

有感　一八九九年一月七日

络纬鸣方毕，又鸣促织。夜深来伴人悲伤，空悲切。世人纵有回天力，难使弟兄无离别。发冲冠，泪沾臆。欲问昊天天不语，相从地下或相遇。地下途如许，泪如雨。欲问在何处，万里迢迢，安得仙人指迷路。

读《华佗传》有感　一八九九年一月七日

闻君手有回生术，手足断时可能续？闻君橐有起死丹，兄弟无者可复还？忆昔先主王西蜀，每视妻子如衣服。衣敝尚可缝，落落丈夫胸。欲向使君乞妙药，那知洞口白云封。白云封，无行踪，往来徒憧憧。气如虹，泪沾胸。

冬夜有感　一八九九年一月二十九日

空庭寂寞伴青灯，倍觉凄其感不胜。犹忆当年丹桂下，凭栏听唱一颗星。

长短句　一八九九年一月二十九日

月值大吕日甲午，欲向昊天问数语。不愿来生再为人，免受人间离别苦。吾恨不能消之山水间，不能考之江淹赋。忆当年，运甓砌花篱，携锄栽桃树，时或折柳枝，时或掘桑土，形尚在目前，人竟归何处？恨不得抢地号，恨不得呼天诉。聊作短句写馀悲，而吾之恨尚不能屈指数。

春雨　一八九九年二月二十二日

满眼薜萝藤，春光到未曾。斜风飞野燕，微雨唤苍鹰。柳线青盈树，秧针绿上塍。鸰原多少恨，尽付读书灯。

天官风筝　一八九九年二月二十二日

飘飘两腋觉风生，搔首看时识是君。举目山河皆有异，遍身锦绣尽成文。上天定有冲天翮，下世还为救世臣。自叹无能不如汝，羡君平步上青云。

庚子送灶即事，和戛剑生作

一九〇一年二月十一日

角黍杂猊糖，一尊腊酒香。返嗤求富者，岁岁供黄羊。

送戛剑生往白下，步《别诸弟》三首原韵

一九〇一年三月十五日

一片征帆逐雁驰，江干烟树已离离。苍茫独立增惆怅，却忆联床话雨时。

时因遣闷过邻家，酒入愁肠恨转加。芍药不知离别苦，当阶犹自发春花。

家食于今又一年，羡人破浪泛楼船。自惭鱼鹿终无就，欲拟灵均问昊天。

游赵园有感[1]　一九〇一年三月二十日

耶[2]溪风暖日初长，醉后登临宿愿偿。松槚欹斜窜鼯鼠，亭台废坏牧牛羊。野花衰草眠荒径，断瓦残垣卧夕阳。叹息沧桑频交易，倚栏凭眺一神伤。

【鄢校】

❶一本题后有注：园在灌英桥。

❷“耶”原作“那”。据王仲山《周作人诗全编笺注》改。

惜花四律步藏春园主人原韵　一九〇一年二三月

鸟啼铃语梦常萦，闲立花阴盼嫩晴。怵目飞红随蝶舞，关心新绿绕阶生。天于绝代偏多妒，时至将离倍有情。最是令人愁绝处，四檐疏雨送秋声。

剧怜常逐柳绵飘，金屋何时贮阿娇？微雨欲来勤插棘，熏风有意不鸣条。莫教夕照催长笛，且踏春阳过板桥。只恐新秋归塞雁，兰艭载酒桨轻摇。

细雨轻寒二月时，不缘红豆始相思。堕茵印屐增惆怅，插竹编篱好护持。慰我素心香袭袖，撩人蓝尾酒盈卮。奈何无赖春风至，深院荼蘼已满枝。

繁英绕甸竞呈妍，叶底闲看蛱蝶眠。室外独留滋卉地，年来幸得养花天。文禽共惜春将去，秀野欣逢红欲然。戏仿唐宫护佳种，金铃轻绾赤阑边。

鲞鹤　一九〇一年四月三日录庚子旧作

素书传后洗秋翎，华表归来客姓丁。拂翅身初离鲍肆，带腥名合考禽经。枯鱼羽化胎都换，朽质奇呈骨亦灵。水击鲲鹏差仿佛，专车变幻说南冥。

舟中阅《危言》一篇，口占二绝

一九〇一年四月八日

东风送雨夜萧萧，独倚篷窗影寂寥。惟有愁人长不寐，挑灯危坐读离骚。

风雨暗孤灯，倚篷且曲肱。扁舟何处泊，今夜宿西兴。

嘲蠹　一九〇一年六月一日

辛丑中春十又二日五更，梦中得后二句，醒而了了，因足成之。嘲蠹，亦以自嘲。

缥帙缃囊任穴居，一丛宛委寄微躯。笑他生死书丛里，食得神仙字也无。

听邻家爆竹，恍似故乡，醉吟二绝

一九〇二年二月七日

灯光如豆暗消魂，细雨江南黄叶村。梦里不知身是客，喃喃独自祝长恩。

东浦醇醪玳瑁卮，家庭团饮夜阑时。今年度岁殊寥落，一盏孤灯两首诗。

暮春客居感怀　一九〇二年四月二十六日

转眼春将老，酴醾半就残。炊烟凝薄暮，细雨湿轻寒。
花事经过易，韶光欲驻难。落红飞不住，惆怅倚栏干。

焚书　一九〇二年十二月十六日

焚书未尽秦皇死，复壁犹存哲士悲。降世惟知珍腐鼠，
穷经毕竟负须麋。文章自古无真理，典籍于今多丐词。
学界茫茫谁革命，仰天长啸酒酣时。

春日坐雨有怀予季并柬豫才大兄

一九〇三年三月二十六日

杜鹃声里雨如丝，春意阑珊薄暮时。客里怀人倍惆怅，
一枝棠棣寄相思。

锦城虽乐未为家，楚尾吴头莫漫夸。烟柳白门寒食近，
故园冷落雀梅花。

通天枫树春田社，满地樱花小石川。胜迹何时容欣赏，
举杯同醉晚风前。

偶感　一九〇四年四月

迅急风潮催大梦，主人沉醉两昏昏。三千年代文明国，

百万同胞孟密魂。黄祸徒传风鹤警，黑奴犹是帝王孙。凄凉读尽兴亡史，东亚名邦有几存？

亡国遗民剧可哀，苏门铜荻尽尘埃。不堪故国歌禾黍，莫向昆明话劫灰。大地山河如梦里，王孙芳草遍天涯。中原不少罗兰辈，忍把神州委草莱。

题《侠女奴》原本　一九〇四年十一月

采得薪归日暮时，绿林巢穴侈新知。敝囊满载驰驴去，侥幸人间暴富儿。

不意量金起祸胎，贪夫形役剧堪哀。石门不启飞磷火，何处孤魂泣夜台。

金钱费得唤缝尸，敌计虽深那得知。不道春光终泄漏，粉书已上小罘罳。

一误何堪再误来，朱门红粉费疑猜。巡逻终遣旁人觉，掩耳何曾有疾雷。

驱骡踯躅向前村，暴客俄为座上宾。可惜一声何满子，空教肠断卖油人。

请君入瓮已堪伤，灌顶醍醐那可当。三十七人齐并命，殉财千古吊金伥。

对门侨寓费深心，揖盗多从孺子婴。汝欲报恩侬报怨，两家情事不分明。

姓名假托苛琪亚，监察难逃史拉夫。再入侯门非易事，却教空送好头颅。

居然妙手胜空空，舞踏蹁跹唱懊侬。羯鼓冬冬声忽断，筵前血洒杜鹃红。

行踪隐约似神龙，红线而今已绝踪。多少神州冠带客，负恩愧此女英雄。

除夕 一九〇五年二月三日

东风三月烟花好，秋意千山云树幽。冬最无情今归去，明朝又得及春游。

一年倏就除，风物何凄紧。百岁良悠悠，白日催人尽。既不为大椿，便应如朝菌。一死息群生，何处问灵蠢。

偶成　一九〇七年七月

为欲求新生，辛苦此奔走。学得调羹汤，归来作新妇。

不读宛委书，却织鸳鸯锦。织锦长一丈，春华此中尽。

出门怀大愿，竟事不一央。款款坠庸轨，芳徽永断绝。

诗一首　一九一一年十月二十八日

远游不思归，久客恋异乡。寂寂三田道，衰柳徒苍黄。旧梦不可追，但令心暗伤。

哀范爱农　一九一二年七月二十七日

天下无独行，举世成委靡。皓皓范夫子，生此寂寞时。傲骨遭俗嫉，屡见蝼蚁欺。坎壈终一世，毕生清水湄。会闻此人死，令我心伤悲。峨峨使君辈，长生亦若为。

七言绝句二首　一九一七年七月二十一日

天坛未洒孤臣血，地窨难招帝子魂。一觉苍黄中夜梦，又闻蛙蛤吠前门。

落花时节无多日，遥望南天有泪痕。槐茧未成秋叶老，闲翻土偶坐黄昏。

书赠杜逢辰君　一九三一年一月三十日

偃息禅堂中，沐浴禅堂外。动止虽有殊，心闲故无碍。

寄巴黎友人　一九三一年

寄君一片叶，认取深秋色。留得到明年，唯恐不相识。

挽刘半农　一九三四年九月

昔时笔祸同蒙难，菜厂幽居亦可怜。算到今年逢百日，寒泉一盏荐君前。

漫云一死恩仇泯，海上微闻有笑声。空向刀山长作揖，阿旁牛首太狰狞。

国府氏以古计志二躯见赠，写谐诗报之　一九四一年

芥子人形亦妙哉，出身应有埴轮来。小孙望见嘻嘻笑，何处娃娃似棒槌。

为友人题画梅　一九四六年八月

墨梅画出凭人看，笔下神情费估量。恰似乌台诗狱里，东坡风貌不寻常。

赠周甲甫　一九五七年三月三日

打架妖精未是憨，任他游戏与□安。摩登伽女如相遇，玉体横陈取次看。

万紫千红都是许，繁枝密叶已交加。老僧已是沾泥絮，炳烛还看未摘花。

寄怀朱省斋　一九五七年末

艺海浮沉有令名，故山归卧负初心。何当把酒南窗下，共学村农话古今。

辘轳体一首　一九六六年三月二十三日

春风狂似虎，似虎不吃人；吃人亦无法，无法管风神。

观于人们之怕地震，故成此诗。

【增补】“旧仆噬主”　一九二六年十一月二日

黠者书报评，是为大木瓜。会将往天桥，送至南下洼。

开馆招伙计，犹如立邦家。主仆定天泽，威严蔑以加。
岂料来赤化，神州乱如麻。泛滥逞邪思，洪水孰能遮。
常人腾口舌，难逃五挡叉。而况沫恩泽，报应安得差？
老板掀小髯，怒气薄云霞。给他官司吃，此愿宁云奢。
槌胸誓天日，不与共中华。终当梏手足，安置天之涯。
民国十五年十一月二日，岂明未是草。

【增补】拟古诗《上山采蘼芜》

下河采荸荠，冷水没肚皮。斜眼望对岸，遥遥见故妻。
手挽新欢子，方从蜜月归。一句一“的厄”（dear），
一步一“吃斯”（kiss）。立正举手问：“新欢啥希奇？”
“新欢岂不好，赛过辣子鸡。容颜徐城北，风月庆门西。
舞来翻马桶，吹去破牛皮。诗文做得好，更说欧皮西。
若汝偷饭鬼，换得半升粞。皇皇天与地，好睡莫夜啼！
当心看水里，以卵有蟛蜞！”

【增补】五古呈宇文尚书　一九二六年十二月五日

宇文尚书招饮屠苏于苦雨斋中敬赋五古一章奉呈郢政
敦甲老人未是草。
正月不春王，太阳胖且黄。为饮屠苏酒，来上老爹堂。
一饮嘴甜蜜，再饮心彷徨，三饮腹骨咯，势气旋回肠；
有屁不敢放，恐是屁声扬。年头信若此，那得不悲伤？

悲伤亦何益，谈论且纵横：——一谈虎未死，化狗声喤喤；再谈“狗搭骨”[①]，空劳摧鼻梁；三谈彰圣教，儒道结成双，——额手拭目看，行见日月光；末谈红鼻佬，枉涂白玉霜。念此令人笑，笑断肚根肠。[②]能笑便是好，劝君更一觞。醉后有好橘，多吃又何妨！独有葡萄卷，区区恕不尝。

【注】

①吾乡有谚曰“鸡连皮，狗搭骨”，谓鸡狗受伤，顷刻即愈也。

②应作“笑痛肚肠根”，以凑韵，故用倒文耳。

【增补】诗两首　一九二七年四月

其一

昨日街头传露布，大军南下救穷黎。市儿点首心明白，想起当年得救时。

其二

蝗虫吃稻气势凶，白蚁蛀屋逞英雄；如何比得官儿嘴，咬破明朝一大钟。

【增补】好雨与好诗　一九二七年九月

阶前一尺水，人事隔秋河。独酌难成醉，杯宽酒不多。

【增补】为适兄再续八句　一九三四年二月二日

双圈大眼镜，高轩破汽车。从头说人话[①]，煞手揍王巴[②]。

文丐连天叫，诗翁满地爬。至今新八股，不敢过胡家。

【注】

①刘大白语。

②谬种与妖孽。

【增补】和半农《自题画像》　一九三四年

宝相庄严许拜参，面皮光滑鬓毛斑。眼斜好显蛾眉细，头大难将狗洞钻。脚下鱼鳞方步稳，壶中芝豆老怀宽。布衫恰是新章服，抵得前朝一品冠。

【增补】赠胡适贺年打油诗　一九三六年

可怜王小二，也要过新年，开口都成罪，抬头没有天。

【增补】无题　一九四六年

正似群鱼脱故渊，世间濡沫剧堪怜。四方引领失归路，何处藏身托愿船？漫策断株追日没，孰将煎饼补天穿。高歌岂必能当哭，夜色苍凉未忍眠。

【增补】赠周佛海排律一章　一九四七年

佛海宗兄以寄内诗见示，盖为嫂夫人祝嘏之作也，辄作排律一章以志庆贺之意。知堂周作人。

快读新诗卷，欣闻内助功。频年共荼蓼，世事笑鸡虫。

尘海容锥立，风波有路通。大家诚智勇，夫婿亦英雄。对酌无端误，高吟特地工。待寻来岁约，佳兴与人同。

【增补】偶作寄呈王龙律师　一九四六年十月十五日

但凭一苇横江至，风雨如磐前路赊。是处中山逢老牸，[1]不堪伊索话僵蛇。[2]左庑立语缘非偶，东郭生还望转奢。我欲新编游侠传，文人今日有朱家。

鄙人于去冬被逮，于今已十阅月。寒门拙老，素鲜亲族，三十年来不少旧学生，有三数人尚见存问，而下井投石，或跳踉叫号，如欲搏噬者，亦不无其人。昔读《中山狼传》，虽知人世常情，不足为怪，而近年中一再见之，亦不能无所感慨。今年夏来南京受讯，在法院邂逅王天瑞先生，言谈数语，慨然允任义务辩护，侠情高谊，不知所报。近闻某生又复叫号，此声余固已谂闻，未免毛戴，唯想起王君，有如中山道中之遇老叟，更深致感激之意。计在法院相见之日将三月，因作一诗以为纪念，并寄呈天瑞先生，以博一笑。三十五年十月十五日，知堂。

【注】

①《中山狼传》：狼欲啖东郭先生，问老树老牸，皆左袒狼。

②伊索寓言，樵夫见蛇冻僵，纳之怀中，乃为所啮。

集句

菩萨蛮·夏日村居集句　一九〇〇年夏

四檐山色消残暑（郑文宝），草深闲院虫相语（陆游）。凉雨过柴门（归子慕），孤烟竹里村（张祐）。〇宿润侵苔甃（张祜），扫花山石瘦（周弼）。篱落带斜晖（陆游），樵声出翠微（许棠）。

菩萨蛮·送戛剑生往秣陵集句

一九〇一年三月十五日

风力渐添帆力健（陆游），萧条落叶垂杨岸（李绅）。人影夕阳中（高翥），遥山带日红（唐太宗）。〇齐心同所愿（岑参），努力加餐饭（古诗十九首），桥上送君行（张籍），绿波舟楫轻（郑獬）。

菩萨蛮·春日天香阁偶成，时辛丑寒食

一九〇一年四月四日

庭树露浓花气湿（黄庚），花里小楼双燕入（杨基）。明日是清明（沈佺期），春逢小雨晴（陆游）。〇轻烟浮草色（姚合），苍筠密于织（尤存）。竹阴借东家（苏轼），苔阶日影斜（李咸用）。

菩萨蛮·辛丑清明游戒珠寺望黄琢山率赋

一九〇一年四月五日

尚爱此山看不足（苏轼），芳草和烟铺嫩绿（李九龄）。风静鸟声圆（丁宝臣），春阴寒食天（柳中庸）。〇云岚青欲滴（苏缄），落日衔翠壁（苏轼）。飞絮拂归鞍（欧阳修），春衣雨后寒（白居易）。

浣溪沙·春日集句，用坡公春情韵

一九〇一年春

庭院无人花自飞（邵雍），乍晴池馆燕争泥（苏轼），竹枝香露湿人衣（熊禾）。〇千缕麴尘杨柳绿（陆游），一江微雨鹧鸪啼（萨都剌），花间觅路鸟先知（张谓）。

浣溪沙·春日遣怀集句　一九〇一年春

小醉微吟过一春（陆游），杏花雨细欲生尘（金琮），闭门高卧养吾真（陆游）。〇只有梅花是知己（贡性之），重与江山作主人（张籍），好书堆案转甘贫（林逋）。

春晚村居即景·集句　一九〇一年四月二十九日

小楼吟罢暮天寒（罗隐），一卷南华枕上看（陆游）。风动树枝鸣宿鸟（薛汉），月移花影上阑干（王安石）。乱云重叠藏山寺（陆游），松影参差俯急湍（黄公望）。一榻茶烟清梦熟（钱惟善），槐深门巷雨初干（谢宗可）。

初夏村居即景·集句　一九〇一年四月二十九日

杖藜扶我过桥东（僧志南），竹院莎斋小径通（李中）。杨柳池塘科斗水（朱成泳），杏花村馆酒旗风（谢逸）。一逢山色斜阳外（郯韶），千树蝉声夕照中（戴叔伦）。剑匣搘头容醉卧（高启），日光穿竹翠玲珑（苏舜钦）。

四时村居即景·集句　一九〇一年四月二十九日

轻寒乍暖试清和（韩邦靖），谁送春声入棹歌（元稹)。雨细有痕秧正绿（陆游），浓香如蜜菜花多（徐玑）。

庭院无人燕语长（戴复古），小田微雨稻苗香（李郢）。蒹葭影里和烟卧（杨朴），红树蝉声满夕阳（元稹）。

半天寒色在啼鸦（孔武仲），红树青山日欲斜（欧阳修）。村市独归江路熟（释惠洪），秋风初冷稻吹花（陆游）。

枫落吴江小雪天（司马棫），夜寒应耸作诗肩（苏轼）。风林叶脱山容瘦（陆游），看到梅花又一年（吕徽之）。

联

挽堂叔祖椒生公　一九一七年二月二十一日

白门随侍，曾几何时，忆当年帷后读书，窃听笑言犹在耳；玄室永潜，遂不复返，对此日堂前设奠，追怀謦咳一伤神。

代族叔挽父　一九一七年二月

数十年鞠养劬劳，真是恩并昊天，至今饱食暖衣，固无弗尽由慈荫；廿馀日淹留床箦，遽尔痛兴风木，并此啜粟饮水，亦不容长报春晖。

挽胡锡爵　一九二六年三月

什么世界，还讲爱国？如此死法，抵得成仙！

挽“三一八”死难烈士

一九二六年三月二十三日

赤化赤化，有些学界名流和新闻记者还在那里诬陷；白死白死，所谓革命政府与帝国主义原是一样东西。

挽刘和珍杨德群　一九二六年三月二十五日

死了倒也罢了，若不想到二位有老母倚闾，亲朋盼信；活着又怎么着，无非多经几番的枪声惊耳，弹雨临头。

【增补】赠须尊　一九三二年三月二十四日

印须我友；各尊所闻。

【增补】挽刘天华　一九三二年六月

广陵散绝于今日；王长史不得永年。

挽刘半农　一九三四年十月九日

十七年尔汝旧交，追忆还从卯字号；廿馀日驰驱大漠，归来竟作丁令威。

挽白涤洲　一九三四年十一月七日

读万卷书，行万里路，辛苦而死；有四方志，无四旬寿，命数奈何。

挽黄晦闻　一九三五年一月二十四日

如此江山，渐将日暮途穷，不堪追忆索常侍；及今归去，等是风流云散，差幸免作顾亭林。

近来先生常用一印云：如此江山，又在北京大学讲亭林诗；感念古昔，常对诸生慨然言之。

挽马隅卿　一九三五年二月十九日

月夜看灯才一梦；雨窗欹枕更何人。

挽孟心史　一九三八年三月十二日

野记偏多言外意；新诗应有井中函。

挽钱玄同　一九三九年一月十九日

戏语竟成真，何日得见道山记；

前屡传君归道山，曾戏语之曰，道山何在，无人能说，君既曾游，大可作记以示来者。君殁之前二日有信来，复信中又复提及，唯寄到时君已不及见矣。

同游今散尽，无人共话小川町。

余识君在戊申岁，其时尚号德潜，共从太炎先生听讲《说文解字》，每星期日集会小川町《民报》社。同学中龚宝铨、朱宗莱、家兄树人均先殁，朱希祖、许寿裳现在川陕，留北平者唯余与玄同而已。每来谈常及尔时出入《民报》社之人物，窃有开天遗事之感，今并此绝响矣。

【增补】挽汤尔和　一九四〇年十一月九日

一生多立经国事功，不图华鬘忽萎，回首前尘成大梦；
此出只为救民苦难，岂意檀度中断，伤心跌打胰微言。

【增补】挽殷同　一九四三年一月八日

生因多苦辛，恨不再忍死须臾，亲看取和平实现；死亦是常事，且莫道浮生脆薄，幸留得英气长存。

集陆游句为朱朴之写　一九四五年二月十二日

多难只成双鬓改，浮名不作一钱看。

附诗钟一联：陆龟蒙　除夕闻骰

一九〇二年三月六日

花鸭鸣时三月暮；木鸡声里一冬除。

外编后记

陈子善

今年春天，我给长沙锺叔河同志写信，为他编辑刊行的《知堂书话》和《知堂序跋》拍手叫好，因为无论从研究周作人的思想和文学观，还是从保存有关中外书刊珍贵史料的角度看，这都是一项重要而有意义的工作。叔河同志在回信中告诉我，岳麓书社还打算出版周作人所有的著作，包括旧诗和集外文编，并热情约我参与其事。我却不免有点惶恐，虽然我对周作人的作品颇感兴趣，但自知缺乏研究，难以胜任。

说来也真巧，五月间，香港中文大学中国文化研究所高级研究员郑子瑜教授应邀来上海出席复旦大学授予他顾问教授称号的仪式，我近年来与子瑜先生鱼雁不断，他既来上海，自然要去拜访求教。就在这次谈话中，子瑜先生向我透露他还珍藏着周作人生前亲自编定的《知堂杂诗抄》全稿，是周作人在五十年代末寄给他的，委托他在海外接洽出版，他原拟交新加坡世界出版社印行，后因故未果，一拖就是二十多年，而周作人逝世也已一十九年了。我早知道周作人有一些旧诗曾由曹聚仁先生介绍，在五六十年代的香港刊物上发表过，但万万没想到还有这样一部诗稿流落在海外，喜出望外之馀，当即建议子瑜先生把诗稿交付岳麓书社出版。子瑜先生欣然惠允，并且表示：由国内的出版社出版这部《知堂杂诗抄》，那是再合适没有了，也可了却他多年的心愿。

回香港后不久，子瑜先生就把一大包《知堂杂诗抄》书稿寄来了，总共二百五十馀首，周作人五十以后所写的旧诗大部分已包括在内。翻读这部诗稿，确实令人感慨万千。它在外侨居了那么多年，最终仍复回归与读者见面，只有在文艺政策更加宽松、开放，双百方针真正开始实行的今天，才有可能；也只有遇到像岳麓书社这样思想解放，注重文化积累，有魄力有远见的出版社，才有可能。知堂老人如果泉下有知，也应感到高兴。

不过，这部诗稿只收周作人自己所说的“杂诗”，尤其他早年的诗作，更是阙如。我以为，这些为“杂诗抄”所未收的作品，不管怎么说总是有研究价值的，因此，在征得子瑜先生和叔河同志同意之后，我不自量力，动手来做这个辑佚的工作，结果就是成功了这个“杂诗抄”的“外编”。这样，全书共得诗三百另八首，集句诗词共十二首和对联十二首，可算是一本较为完整的周作人旧诗集了。

尽管如此，遗珠之憾恐怕仍旧难免，以周作人自己颇为重视的《忠舍杂诗》而论，这部诗抄里就只存有题作《老虎桥杂诗补遗》的十多首了。因此，亟盼海内外方家指教、补充，以期将来再版时更臻完备。

至于如何看待周作人这些旧诗，子瑜先生已在他的跋文中谈了很好的意见。诗无达诂，见仁见智，读者自可作出各自的评价，我就不多饶舌了。

一九八六年夏于上海。

图书在版编目(CIP)数据

知堂杂诗抄/周作人著作;锺叔河,鄢琨编订.—长沙:岳麓书社,2020.10

ISBN 978-7-5538-0888-8

Ⅰ.①知… Ⅱ.①周…②锺…③鄢… Ⅲ.①诗集—中国—现代

Ⅳ.①I226

中国版本图书馆CIP数据核字(2018)第035466号

ZHITANG ZASHI CHAO

知堂杂诗抄

周作人著作 锺叔河 鄢琨编订

特约编辑:鄢 琨

责任编辑:蒋 浩

责任校对:舒 舍

书籍设计:风格八号

岳麓书社出版发行

地址:湖南省长沙市爱民路47号

直销电话:0731-88804152 0731-88885616

邮编:410006

版次:2020年10月第1版

印次:2020年10月第1次印刷

开本:787mm×1092mm 1/32

印张:5.625

字数:87千字

印数:1—6 000

ISBN 978-7-5538-0888-8

定价:22.00元

承印:长沙鸿发印务实业有限公司

如有印装质量问题,请与本社印务部联系

电话:0731-88884129